ARGE Schöpfungsverantwortung

Ich bin ein Teil der Welt
Ein ökosozialer Elternratgeber

allen lieben
Thill Kindern u. Enkel
mit den besten
Wünschen
[illegible]
1/10

ARGE Schöpfungsverantwortung

Ich bin ein Teil der Welt

Ein ökosozialer Elternratgeber

Herausgegeben von Isolde Schönstein,
Nina Oezelt, Silvester Ölzant

TYROLIA-VERLAG · INNSBRUCK-WIEN

Mitglied der Verlagsgruppe „engagement"

Bibliografische Information Der Deutschen Nationalbibliothek
Die Deutsche Nationalbibliothek verzeichnet diese Publikation in der Deutschen Nationalbibliografie; detaillierte bibliografische Daten sind im Internet über http://dnb.d-nb.de abrufbar.

2009

Umschlaggestaltung: stadthaus 38, Innsbruck
Layout und digitale Gestaltung: Tyrolia-Verlag
Druck und Bindung: General Druckerei GmbH, Szeged
ISBN 978-3-7022-2990-0
E-Mail: buchverlag@tyrolia.at
Internet: www.tyrolia-verlag.at

Inhalt

Zu diesem Buch

Verantwortung gegenüber den nachfolgenden Generationen

Wie können wir Eltern und Erziehende in unseren konkreten Entscheidungen die Weichen so stellen, dass die Erde in ihrer Schönheit und als Basis des Lebens auch der Generation unserer Kinder erhalten bleibt? Wie können wir unseren Kindern in unserem Umgang mit den natürlichen und beschränkten Ressourcen so weit Vorbilder sein, dass sie von Anfang an in eine Kultur der Nachhaltigkeit hineinwachsen und ganz selbstverständlich einen auch ökologisch und sozial verantworteten Lebensstil annehmen? Vieles wird dem Menschen buchstäblich in die Wiege gelegt. Und mit Recht wollen viele Eltern heute ihren Kindern eine solche Wiege bereiten, die auch der Umwelt gerecht wird, und eine Kinderstube, die sich nicht auf Innenräume beschränkt, sondern sich weit hinaus erstreckt in eine mit Respekt geachtete und gehütete Natur.

Antwort bei konkreten Fragen

So weit, so gut. Wenn es konkret werden soll, tauchen allerdings schnell die ersten Fragen auf: Was ist nun wirklich wichtig? Wie laufen die grundlegenden Zusammenhänge? Welche Maßnahmen kann ich in der Familie konkret umsetzen?
Genau für diese Fragen haben wir, die Arbeitsgemeinschaft Schöpfungsverantwortung zusammen mit namhaften ExpertInnen, diesen kompakten Ratgeber zusammengestellt. Übersichtlich und in der gebotenen Kürze haben wir versucht, möglichst alle wichtigen Aspekte einer ökosozial verantworteten Lebensweise und Erziehung abzudecken – von Energieversorgung, Mobilität und Freizeitgestaltung über Gesundheitsvorsorge, Ernährung und Konsumverhalten bis hin zu Formen ökologischer Geldanlagen.

Eltern-Kind-Plattform

Die Arbeitsgemeinschaft Schöpfungsverantwortung steht seit 1992 im Einsatz für nachhaltige Entwicklung und Generationenverantwortung. Mit einem vielfältigen Bildungs- und Aktionsprogramm fördert sie einen zukunftsfähigen Lebensstil und engagiert sich in gesellschaftspolitischen Fragen weltweit. Parallel zur Erstellung dieses Buches hat sie auch eine Eltern-Kind-Plattform eingerichtet, die Eltern die Möglichkeit zur Weiterführung der Inhalte bietet, neue Fragestellungen aufgreift und Interessentengruppen vernetzt.

Die geistliche Dimension

Ein Leben in Respekt vor und in Verantwortung für die Schöpfung reicht über einen technischen Maßnahmenkatalog hinaus. Leben in und mit der Schöpfung hat auch eine geistliche Dimension, worauf wir in einem eigens gekennzeichneten Anhang eingehen. Für die Begleitung des Kindes im Rahmen einer Patenschaft mögen die liturgischen Impulse einen Beitrag leisten.

Ich danke allen ExpertInnen für das große Engagement zur Entstehung dieses Elternratgebers, für das Durchhalten im Umsetzungsprozess und die laufenden Aktualisierungen. Ein besonderer Dank sei den freiwilligen MitarbeiterInnen ausgesprochen, die für Themenauswahl und die Verwirklichung des Projektes im Einsatz waren.

Isolde Schönstein
Gründerin und Leiterin der ARGE Schöpfungsverantwortung

MENSCHENRECHTE – KINDERRECHTE

Kinder sind besonders schutzbedürftig. Im Umgang mit ihnen – so heißt es – zeige man sein wahres Gesicht. Das gilt für Erwachsene genauso wie für Gesellschaften und Staaten.

KINDER HABEN RECHTE

Stellt sich also die Frage: „Was ist kindgerecht?“ Oder anders gefragt: „Was sind Kinderrechte?“ Wir wissen, dass Kinder Menschen sind. Dann sind Kinderrechte also Menschenrechte. Und Menschenrechte sind Kinderrechte.

Vorwort

Elternratgeber gibt es in großer Zahl und meist sind sie in Wahrheit Erziehungsratgeber. Diese passen sich der zeitgeistigen Strömung an, lehnten so zunächst den autoritären Erziehungsstil ab, plädierten für einen antiautoritären Erziehungsstil, diesem wurde mit demokratischen Ratschlägen gefolgt und schließlich gewann ein liberaler Erziehungsstil die Oberhand. Zuletzt wird mehr und mehr von Peergroup-Erziehung gesprochen, ein Warnsignal dafür, dass die Elternhäuser hilfloser denn je sind.

Wenn sich eine umfassende Autorenschaft zusammenfindet, um einen ökosozialen Elternratgeber zu verfassen, so scheint es notwendig, das zusammengefasste schmückende Beiwort „ökosozial" zu trennen, handelt es sich schließlich um ökologische Fragen, sowie soziale, im Hinblick auf die Zukunft unserer Kinder.

Eltern dürfen und können sich der Verantwortung ihrer Nachkommenschaft nicht entziehen. Und dies geschieht trotzdem und es stellt sich die Frage, wo bleibt das Kind? Es ist existent, aber es bleibt oft auf der Strecke.

Eltern sind die Schöpfer unseres biologischen Lebens.

Welche Verantwortung haben Eltern, Obsorgeberechtigte, AlleinerzieherInnen, aber auch ErzieherInnen, KindergärtnerInnen, LehrerInnen, befreundete Privatpersonen, PatInnen, Bekannte, private Sozialkreise und schließlich auch die Konfessionen? Sie alle haben den Weg ins Leben des Kindes zu begleiten, das Kind leben zu lehren und mit dem Kind gemeinsam das Leben zu lernen.

Das heißt, alle Bereiche des Soseins des Kindes mitgestalten zu lernen; die dem Kind innewohnenden Fähigkeiten frühzeitig zu erkennen, zu fördern, die Kinder zu steuern, um Selbstbewusstsein, Eigenständigkeit, Selbstverantwortung, Tragweiten abschätzen, Autonomie und Authentizität zu bewirken. Unsere Kinder

Was heißt wohl Leben lernen?

kommen, um es in der Modesprache zu sagen, als vorinstallierte Hardware auf die Welt – zum genau richtigen Zeitpunkt, um zu den vorhandenen genetischen Programmen neue Software eingespeichert zu bekommen. Da ist z. B. die Grob- und die Feinmotorik, da ist die Muttersprache, da ist körperliches, intellektuelles, emotionales und soziales Einwirken zu programmieren und schließlich, als besonders hochstehendes Programm, die moralische Urteilsfähigkeit und das gebildete Gewissen.

Und die von den Erwachsenen aus diesen Aufgaben resultierende Verantwortung kann nicht hoch genug eingeschätzt werden. Wir Eltern sind also dazu aufgerufen, das ICH des Werdenden zu bilden und in Ermutigung zu gestalten.

Das ICH?

Nun, das ist das Denken, Fühlen, Wollen und Handeln, das es zu entwickeln gilt.

Das Ziel?

Selbst- und Fremdkritik, Glücks- und Liebesfähigkeit, Vor- und Weitsicht und vor allem Toleranzfähigkeit zu festigen.

Max H. Friedrich

UNIV.-PROF. DR. MAX H. FRIEDRICH, seit 1995 ordentlicher Universitätsprofessor und Vorstand der Universitätsklinik für Psychiatrie des Kindes- und Jugendalters, Allgemeines Krankenhaus der Stadt Wien – Universitätskliniken; mannigfache nationale und internationale gremiale Funktionen; zahlreiche Publikationen.

Einführung

Lebensspuren

„Das einzig Wichtige im Leben sind die Spuren, die wir hinterlassen, wenn wir weggehen.“ (Albert Schweitzer, 1875–1965, dt. Theologe und Mediziner)

Jede Sekunde entsteht neues Leben auf der Erde. Eine Saat geht auf. Ein Küken schlüpft aus seinem Ei. Ein Kind wird geboren …

Ein Menschenkind … Vom ersten Moment an hinterlässt es Spuren: In den Gedanken der Menschen, die seinen Weg kreuzen. In den Herzen der Menschen, die ihm nahestehen. Jeder einzelne Mensch hinterlässt seine Spur im Universum und drückt auch der Erde seinen Fußabdruck auf.

Spuren haben eine tiefe Bedeutung in unserem Leben: Sie zeigen uns, woher wir kommen, sind Wegweiser aus der Vergangenheit, sind bleibende Erinnerung. Deshalb gehen Menschen auf Spurensuche. Deshalb ist es uns ein Bedürfnis, Spuren zu hinterlassen. Viele Eltern lassen anlässlich der Geburt ihres Kindes einen Abdruck von Händen und Füßen des Neugeborenen machen – die erste sichtbare Spur des neuen Lebens.

Nicht von ungefähr scheint es zu kommen, dass der „Fußabdruck“ auch zum Symbol und Synonym dafür wurde, welche Spuren wir Menschen angesichts unseres Lebensstils auf dem Planeten Erde hinterlassen. Oft gleicht diese „Spur“, der „ökologische Fußabdruck“, eher einer brutal in die Welt eingeschnittenen Autobahn, die stur auf ihrer Richtung beharrt, niedertrampelt, was sich ihr entgegenstellt. 6,5 Mrd. Menschen, das sind 6,5 Mrd. solcher Spuren, 13 Mrd. Füße, die Gefahr laufen, die Erde zu zertrampeln.

Die Spuren, die wir bisher schon auf der Erde hinterlassen haben, fordern uns als Wegweiser aus der Vergangenheit dazu auf, die Spur zu wechseln, den Trampelpfad zu verlassen und den Fuß mit Bedacht aufzusetzen! Wir müssen uns auf Spurensuche begeben, um zu verstehen, wohin uns diese Aufforderung führen will. In welchen Bereichen hinterlässt mein Lebensstil Spuren der Zerstörung? Wo verlaufen meine persönlichen Autobahnen? Und wo ist die nächste Ausfahrt? Als Eltern können Sie mitbestimmen, welche Spuren Ihr Kind vorfinden wird, wenn es später seinen eigenen Weg sucht. Nachhaltigkeit. Bewahrung der Schöpfung. Das ist Herausforderung und Chance zugleich. Wer das Geschenk des Lebens ernst nimmt, wird sich dieser Herausforderung nicht verweigern können und die Chance wahrnehmen.

Dieses Buch will Sie mit fachlicher Information und vielen Tipps dabei unterstützen, Ihr persönliches und das Leben Ihrer Familie nach ökologischen und sozialen Kriterien zu gestalten. Als Vorbild und Begleiter Ihrer Kinder können Sie zuversichtlich sein, damit zugleich auch deren künftigen Lebensstil ein Stück weit auf nachhaltige Bahnen zu lenken.

Zu den Themenbereichen dieses Buches

Klimawandel & Energie

Kapitel 1 führt Sie in die Thematik der großen ökologischen Herausforderung des 21. Jahrhunderts, des Klimawandels, ein. Erfahren Sie in Kapitel 2 mehr über die Energiewende, die als Chance und wichtiger Beitrag zur Lösung des Klimaproblems gesehen wird.

Mobilität

Die Kapitel 3 bis 5 sind dem wichtigen Thema der Mobilität gewidmet, mit jeweils unterschiedlichen Schwerpunkten: Kapitel 3 behandelt allgemein die Auswirkungen der Automobilität auf den Menschen und den Preis der Geschwindigkeit. Kapitel 4 ist einer Sonderform der Mobilität, nämlich dem Reisen gewidmet. Kapitel 5 fasst Kinder als Verkehrsteilnehmer ins Auge und geht insbesondere auch auf gesundheitliche Aspekte ein.

Gesundheit – ökologisch betrachtet

Gesundheit aus der ökologischen Perspektive ist auch das zentrale Thema der folgenden Kapitel 6 bis 9: Sie erhalten zunächst einen Überblick über umweltbezogene Gesundheitsfaktoren und entsprechende Maßnahmen einer Gesundheitsvorsorge (Kapitel 6). Kapitel 7 will Sie für körperliche Bewegung begeistern und verweist auf die Bedeutung von Bewegung und Sport für eine gesunde Entwicklung. Die gesundheitlich und ökologisch gute Ernährung steht im Zentrum von Kapitel 8. Kapitel 9 widmet sich schließlich den Strahlen und Feldern, etwa von Handys, denen wir und unsere Kinder ausgesetzt sind, und informiert über Auswirkungen von Elektrosmog.

Konsum

Konsum ist das Stichwort, das die Verbindung zu den nächsten Kapiteln darstellt. In den Kapiteln 10 bis 12 dreht sich alles um unser Konsumverhalten und seine Folgen: Was kauft man, wenn man Kleidung kauft? Woran erkennt man Ökotextilien? Diese und weitere Fragen zum Thema Textilien beantwortet Kapitel 10. Daran anschließend wird über ökologisch und fair produziertes Spielzeug informiert (Kapitel 11). Kapitel 12 behandelt einen besonderen Aspekt des Konsums, den Abfall, und wie man durch das Konsumverhalten zu seiner Vermeidung beitragen kann.

Geldanlagen

Der Konsum wird nicht zuletzt durch das verfügbare Vermögen bestimmt. Kapitel 13 will aufzeigen, wer wirklich arbeitet, wenn angeblich das Geld arbeitet, und informiert über ethisch korrekte Geldanlagen.

Vom Fußabdruck zur gerechten Bilanz

Kapitel 14 lädt Sie ein, Bilanz zu ziehen, und stellt mit dem ökologischen Fußabdruck und den Bilanzen der Gerechtigkeit zwei Instrumente vor, die Nachhaltigkeit messbar machen.

Anhang: Taufe, Patenschaft und Schöpfungsverantwortung

Die ökologische Verantwortung gegenüber der Schöpfung ist auch eine soziale Verantwortung gegenüber dem Leben. Im christlichen Glauben sind Leitgedanken zur Nachhaltigkeit angelegt. Der Beitrag „Patenschaft" (Anhang I) greift die christliche Verantwortung von Eltern und PatInnen auf. Anhang II thematisiert die Tauffeier und gibt Gestaltungstipps für die Taufliturgie. Anhang III rundet schließlich die Thematik des Elternratgebers rund um „Schöpfungsverantwortung" mit bibeltheologischen Impulsen ab.

Nina Oezelt

NINA OEZELT, Studentin der Sozialen Verhaltenswissenschaft mit Schwerpunkt Ökologische Psychologie; Mitarbeiterin der ARGE Schöpfungsverantwortung.

ELTERNPLATTFORM

Viele Fragen zu einem nachhaltigen Lebensstil als gelebter Verantwortung werden in diesem Buch behandelt. Vieles wird aber angesichts der Komplexität des Themas zwangsläufig offenbleiben. Die ARGE Schöpfungsverantwortung bietet eine Plattform an, an die Sie sich mit Fragen oder zum Austausch mit anderen, Verantwortung lebenden Eltern wenden können. Die Elternplattform will Sie als kompetenter Ansprechpartner in Fragen christlicher Umweltethik mit Antworten, Feedback und einer umfangreichen Fachbibliothek zu ökosozialen, spirituellen, ethischen und pädagogischen Themen auf dem Weg in die Praxis eines nachhaltigen Lebensstils unterstützen. Sie steht auch für gesellschaftspolitische Anliegen zur Verfügung. Informieren Sie sich telefonisch, via E-Mail, auf der Homepage oder persönlich über das umfassende Angebot:

ARGE Schöpfungsverantwortung
Don Bosco Haus, Sankt-Veit-Gasse 25, 1130 Wien
www.argeschoepfung.at, E-Mail: office@argeschoepfung.at
Tel.: +43 660 76 000 08 oder +43 1 878 39 539

01

Stichwort Klimawandel

Was tun, damit es der Erde nicht zu heiß wird?

(Wolfgang Mehl)

„2,9 Grad Unterschied: das heißt nichts anderes, als dass wir über die Differenz zwischen der letzten Eiszeit und heute sprechen.“

(Heinz Riesenhuber, geb. 1935, deutscher CDU-Politiker)

Trotz immer noch auftauchender entgegenlaufender Berichterstattungen: Der Klimawandel ist Fakt. Der aktuelle wissenschaftliche Konsens, der vom IPCC (Intergovernmental Panel on Climate Change) wiedergegeben wird, lautet dahingehend, dass zumindest ein bedeutender Anteil des beobachtbaren Erwärmungsprozesses menschengemacht ist, und wird von zahlreichen wissenschaftlichen Gesellschaften sowie den nationalen Wissenschaftsakademien der G8-Länder ausdrücklich unterstützt. Die Notwendigkeit von Klimaschutzmaßnahmen steht daher außerhalb jeder Diskussion. Klimaschutz ist Lebensschutz und Schutz von Kinderrechten. Denn durch die Folgen des Klimawandels werden nicht nur unsere natürlichen Lebensgrundlagen bedroht, sondern besonders auch unsere Kinder und deren Zukunft. Die Kinderschutzorganisation ‚Save the Children' schätzt in ihrem Jahresbericht 2007, dass allein von Naturkatastrophen in den nächsten zehn Jahren etwa 175 Millionen Kinder betroffen sein werden.

Worum es geht

Treibhauseffekt und Klimawandel

Der Treibhauseffekt ist Hauptursache für die bereits merkbare Klimaveränderung. Er wird durch die Anreicherung von Spurenelementen in der Atmosphäre, allen voran Kohlendioxid, verursacht. Hauptverantwortlich dafür sind drei Faktoren:

- Die Verbrennung enormer Mengen fossiler Brennstoffe zur Energiegewinnung und für den motorisierten Verkehr in den Industrieländern.
- Die fortschreitende Zerstörung der tropischen Regenwälder.
- Die Massentier- bzw. Fleischproduktion.

Um den Klimawandel auf dem gerade noch erträglichen Niveau von 2 Grad plus im globalen Durchschnitt einbremsen zu können, müssen wir innerhalb der nächsten 30 Jahre unser komplettes Energiesystem umstellen, den Verbrauch von Öl, Gas und Kohle auf rund ein Fünftel der jetzigen Menge reduzieren. Dazu kann und muss jede/r beitragen und jede/r kann auch dadurch gewinnen: eingesparte Energie bedeutet immer auch Geldersparnis.

Fachliche Hintergründe

Unser Klima

Während man unter Wetter den augenblicklichen Zustand der Atmosphäre versteht, wird Klima als das durchschnittliche Wetter, mit charakteristischen Abläufen und mittleren Werten für Temperatur, Wind, Luftfeuchtigkeit, Luftdruck usw. eines bestimmten Gebietes definiert.
Wichtigster Motor unseres Klimasystems ist die Sonne. Die Erde strahlt die Energiemenge, die sie von der Sonne aufnimmt, wieder in den Weltraum ab. Bevor jedoch die Wärmerückstrahlung der Erdoberfläche wieder in den Weltraum entweicht, wird ein Teil davon von bestimmten Gasen in der Atmosphäre absorbiert und somit zurückgehalten. So bildet die Atmosphäre gleichsam einen schützenden Mantel, der die Erde warm hält. Dieser Effekt wird Treibhauseffekt genannt, die daran beteiligten Gase Treibhausgase.
Der Treibhauseffekt ist nun an sich nichts Künstliches und nichts Schlechtes. Im Gegenteil: Er ist sogar eine Grundbedingung dafür, dass Leben, so wie wir es kennen, auf unserer Erde möglich ist. Das Problem ist nur, dass wir Menschen durch Freisetzung von zusätzlichen Treibhausgasen, die als Abgase bei verschiedensten industriellen und landwirtschaftlichen Prozessen anfallen, diesen „Mantel" immer „wärmer" machen. Wenn wir jetzt nicht gegensteuern, wird es der Erde und den Lebewesen auf ihr also in absehbarer Zeit „zu heiß" werden.

Die wichtigsten Treibhausgase

Kohlendioxid CO_2

Kohlendioxid entsteht als Endprodukt jeglicher Verbrennung von fossilen Energieträgern (wie z. B. Kohle, Öl und Erdgas). Im Gegensatz zu anderen Verbrennungsprodukten lässt es sich weder durch Filter noch durch Katalysatoren entfernen. Außerdem wird CO_2 auch bei vielen industriellen Prozessen wie der Eisen- und Stahlerzeugung emittiert. Kohlendioxid ist das mit Abstand wichtigste Treibhausgas und für rund drei Viertel der vom Menschen verursachten Erderwärmung verantwortlich.

Methan CH_4

Die Hälfte des gesamten Methanausstoßes wird von der Land- und Forstwirtschaft emittiert. Der überwiegende Teil wird durch Nutztierhaltung und Güllelagerung verursacht. Etwa 35 % der Methanemissionen stammen aus der Abfallbehandlung, wo vor allem die Emissionen aus Deponien und aus Abwasserkläranlagen von großer Bedeutung sind.

Lachgas N_2O

Lachgas entsteht als Nebenprodukt bei der Verbrennung von Kohle, Erdöl oder anderer fossiler Energieträger sowie durch intensive Landwirtschaft und bei der Überdüngung von Feldern.

Der Treibhauseffekt

Der natürliche Treibhauseffekt

Die Atmosphäre der Erde wirkt wie ein Glasdach eines Treibhauses: Die kurzwelligen Strahlen der Sonne werden relativ ungehindert durchgelassen und erwärmen die Erdoberfläche. Beim Auftreffen auf die Erdoberfläche wird die kurzwellige Strahlung umgewandelt und als langwellige Wärmestrahlung reflektiert. Die langwellige Wärmestrahlung kann die Atmosphäre jedoch aufgrund der Treibhausgase nicht ungehindert passieren und wird wieder an die Erdoberfläche reflektiert. Würde die langwellige Wärmestrahlung ungehindert ins All gelangen, läge die Durchschnittstemperatur auf der Erde nicht bei +15, sondern bei –18 Grad Celsius.

Der anthropogene Treibhauseffekt

Die Hauptursache des anthropogenen (d. h. vom Menschen verursachten) Treibhauseffekts liegt in der Freisetzung von Kohlendioxid, vor allem durch den enorm steigenden weltweiten Energieverbrauch. Bei der Verbrennung wird der in den fossilen Energieträgern gebundene Kohlenstoff, der über Jahrhunderte der Atmosphäre entzogen wurde, als Kohlendioxid frei und reichert sich in der Atmosphäre an. Als Folge dieser Entwicklung wird von der Wissenschaft bis zur Mitte dieses Jahrhunderts ein globaler Temperaturanstieg von 2 bis 6 Grad Celsius prognostiziert.

Folgen des vom Menschen verursachten Treibhauseffekts

Genaue Prognosen sind aufgrund der Komplexität der Vorgänge, die für das weltweite Klima von Bedeutung sind, sehr schwierig. Der Mensch und die Welt sind somit derzeit Teil eines riesigen globalen Experimentes mit ungewissem Ausgang. Tatsache ist, dass die Durchschnittstemperatur der Erdoberfläche in den letzten 100 Jahren um etwa 0,9 Grad Celsius angestiegen ist. Der steilste Anstieg wurde innerhalb der letzten 30 Jahre gemessen. Im sensiblen inneralpinen Raum Österreichs sind schon jetzt Temperatursteigerungen von bis zu 2 Grad nachzuweisen. Zu den Folgen gehören:

- Beeinträchtigung von Artenreichtum in Flora und Fauna (die Erhöhung der globalen Temperatur wird zu einer Verschiebung von Klima- bzw. Vegetationszonen führen, die die Anpassungsfähigkeit der natürlichen Systeme überfordern wird)
- Anstieg des Meeresspiegels
- Abschmelzen der Polkappen und Gletscher in den Bergen
- Verschiebung von Meeresströmungen und den dadurch verbundenen regionalen Klimaänderungen
- Zunahme der Häufigkeit extremer Wettersituationen (Stürme, Hagel etc.) und deren Folgen wie Überschwemmungen, Dürren

All diese Veränderungen sind bereits jetzt merkbar und nachweisbar. Vor allem das Ansteigen des Meeresspiegels, die Verlagerung der Vegetationszonen und das durch Extremwettersituationen erhöhte Risiko für Ernte und Viehbestand könnte Hungersnöte und in der Folge einen Kampf um Lebensräume nach sich ziehen. Auch tropische und subtropische Krankheiten könnten sich in bisher gemäßigte Klimazonen ausbreiten.

Die österreichische Klimapolitik: Kyoto-Ziele noch in weiter Ferne

Österreich hat sich im Kyoto-Protokoll zur Senkung seiner Treibhausgas-Emissionen um 13 % im Vergleich zu 1990 verpflichtet. Das Ziel soll in der Kyoto-Zielperiode 2008 bis 2012 erreicht werden. Dies bedeutet, dass im Durchschnitt all dieser Jahre ein um 13 % niedrigerer Wert als im Jahr 1990 erreicht werden muss. Seit 1990 sind die Emissionen tatsächlich aber leider dramatisch

gestiegen und nicht gesunken. Aktuell liegt Österreich mehr als 30 % von seinem Kyoto-Ziel entfernt!
Dabei ist klar, dass Kyoto nur ein erster Schritt ist. Die Reduzierung um 5,2 % der Emissionen der Industriestaaten weltweit gegenüber dem Jahr 1990 reicht bei weitem nicht aus, um den Klimawandel ausreichend zu begrenzen. Vielmehr müssen die Industriestaaten ihre Emissionen bis 2020 um 30 %, bis 2050 um 60 bis 80 % reduzieren.

Tipps

Mobilität

- Zu Fuß gehen, Rad fahren oder öffentliche Verkehrsmittel benützen
- Spritsparend Auto fahren, Fahrgemeinschaften bilden
- Flugreisen möglichst vermeiden

Elektrizität

- Energieverbrauch laufend kontrollieren, z. B. mittels Haushaltsenergiebilanz
- Geräte, Licht, Heizung vollständig abschalten, wenn sie nicht benötigt werden – Standby verbraucht unnötig Energie
- Verwendung von Energiesparlampen
- Den Strom von Ökostrom-Anbietern beziehen – so fördern Sie die Stromproduktion aus Sonne, Wind und Biomasse

Raumheizung

- Richtig lüften – mehrmals täglich kurz und gründlich
- Heizkörper freihalten – Möbel oder Vorhänge unmittelbar vor dem Heizkörper verringern die Effizienz der Heizung
- Richtige Raumtemperatur wählen – jedes Grad weniger senkt den Energieverbrauch um bis zu 6 %
- Eine moderne Wärmedämmung des Hauses kann die Heizkosten und den CO_2-Ausstoß um bis zu 80 % reduzieren
- Thermische Solaranlagen für Heizung und Warmwasser, Pellets- oder Hackschnitzel-Heizungen installieren

Einkaufen	• So nahe wie möglich in der Region, im Ortszentrum einkaufen • Vorrang für regionale und saisonale Produkte aus biologischer Landwirtschaft und Fairem Handel • Kauf von Produkten mit wenig Verpackungsmaterial. Bevorzugt langlebige Produkte kaufen statt Einweg- und Wegwerfartikeln • Bei Holzprodukten einheimische Hölzer bevorzugen – kein Tropenholz (Mahagoni, Teak, Palisander, Ramin, Bankirai u. a.)! • Beim Kauf von Elektrogeräten auf den Stromverbrauch achten • Produkte mit Umweltgütesiegel kaufen
Bereich Familienleben	• Vorbild sein beim bewussten Umgang mit Energie bei der Freizeitgestaltung – Komfort ist auch ohne übermäßigen Energieverbrauch möglich • Den eigenen Fernsehkonsum überdenken – Fernseher und Computer sind als „Nanny" für Kinder ungeeignet • Eine stromfreie Spielstunde spart Energie und bringt Spaß • Energie tanken statt verbrauchen bei einem gemeinsamen Spaziergang in der Natur

Wolfgang Mehl

MAG. WOLFGANG MEHL, Klimabündnis Österreich. Das Klimabündnis ist eine globale Partnerschaft zum Schutze des Weltklimas zwischen insgesamt über 1700 europäischen Städten in 17 Staaten und den indigenen Völkern der Amazonas-Regenwaldgebiete. Dem Klimabündnis haben sich in Österreich bisher über 700 Städte und Gemeinden, alle Bundesländer, 350 Betriebe und 140 Schulen angeschlossen.

Kontakt und Information:
Klimabündnis Österreich
Mag. Wolfgang Mehl
Hütteldorfer Straße 63–65/Top 9/10, A-1150 Wien
Tel.: +43 1 581 58 81, Fax: 581 58 80,
E-Mail: wolfgang.mehl@klimabuendnis.at,
www.klimabuendnis.at

WEITERFÜHRENDE LITERATUR & LINKS

Kromp-Kolb, H., Formayer, H. (2005). Schwarzbuch Klimawandel. Ecowin-Verlag, Salzburg.

Ott, H. E., Heinrich-Böll-Stiftung (2008). Wege aus der Klimafalle. Oekom-Verlag, München.

Fischer, C. (Hrsg.) (2008). Strom sparen im Haushalt. Oekom-Verlag, München.

Weimann, J. (2008). Die Klimapolitik-Katastrophe. Metropolis-Verlag, Marburg.

Latif, M. (2008). Bringen wir das Klima aus dem Takt? Hintergründe und Prognosen. 5. Auflage, Fischer Verlag, Frankfurt am Main.

www.klimabuendnis.at (Klimabündnis Österreich)
www.klimabuendnis.org (Klimabündnis Europa)
www.germanwatch.org (unabhängige Entwicklungs- und Umweltorganisation für zukunftsfähige globale Entwicklung und Erhalt der Lebensgrundlagen)
www.accc.at (das österreichische Klimaportal)
www.unfccc.int (United Nations Framework Convention on Climate Change)
www.ipcc.ch (Intergovernmental Panel on Climate Change)
www.global2000.at (Informationen der Umweltschutzorganisation zum Thema Klima)
www.sos-klima.at (Klimaschutzkampagne und Mitmachplattform von Global 2000)

02

Bereit zur Energiewende

Mit der richtigen Energie ins neue Leben

(Fritz Binder-Krieglstein)

„Die Energie ist tatsächlich der Stoff, aus dem alle Elementarteilchen,
alle Atome und daher alle Dinge gemacht sind,
und gleichzeitig ist die Energie auch das Bewegende."

(Werner Heisenberg, 1901–1976, in „Physik und Philosophie")

Ein Kind kommt zur Welt. Sofort benötigt es, wie wir alle, Energie. In diesem Beitrag geht es ganz banal um die Energien, die unsere Existenz sichern und den Alltag erleichtern, nämlich um Strom, Wärme und Treibstoffe. Sie sorgen für eine funktionierende Geburtenstation, für ein behagliches Zuhause oder die Produktion und den Transport von (Baby-)Nahrung ins Lebensmittelgeschäft um die Ecke.

Energiewende meint die Realisierung einer ökologischen Energieerzeugung mittels erneuerbarer Energien, aber auch einen anderen Umgang mit wertvollen Energieressourcen.

Alternative Energien sind auch: Lebensenergie, Phantasie, Kreativität, Glaube, Hoffnung, Liebe. Kostenlos, emissionsfrei, nahezu unbegrenzt verfügbar warten sie darauf, von Ihnen entdeckt zu werden.

Worum es geht

Die Grenzen der Verträglichkeit

Unser derzeitiger, hauptsächlich fossilatomarer Energieverbrauch stößt zusehends an die Grenzen der Verträglichkeit des Raumschiffs Erde. Um unsere Kinder und Kindeskinder zu schützen, müssen wir für ihre und unsere Energieversorgung heute Entscheidungen suchen, finden und umsetzen, die auch langfristig zukunftsfähig sind.

Energiewende

Wenn viele Menschen die Energiewende vollziehen, entsteht daraus Gutes. Wenn man wartet, dass es „zuerst die anderen" tun, kommt nie etwas zustande. Tun wir für uns und für unsere Kinder Gutes. Was würden oder werden wir antworten, wenn uns unsere Kinder einmal nach Energieverschwendung und Klimazerstörung fragen oder uns vorhalten werden: „Ihr habt es doch gewusst, warum habt ihr nichts dagegen unternommen?"
Weil diese Herausforderungen nicht nebensächlich, sondern für die uns nachkommenden Generationen existentiell sind, soll im

Sinne der Schöpfungsverantwortung darauf detaillierter eingegangen werden.

Fachliche Hintergründe

Unsere Kinder auf die großen Veränderungen in der Energieversorgung vorzubereiten, ist eine unserer wichtigen Aufgaben als Eltern. Sie ist eine enorme Herausforderung zuallererst an uns selbst, weil die immensen Veränderungen im Energiesystem gerade in diesem Jahrzehnt begonnen haben.

Begrenzte Ressourcen

Wir sehen das Erdöl knapper werden. Erdgas folgt auf dem Fuß. Uranvorräte werden in ca. 60 Jahren zu Ende gehen, wenn sie so wie bisher verbraucht werden, berichtet die IAEO (Internationale Atomenergie-Organisation der UNO mit Sitz in Wien). Und selbst Kohle ist nicht unbegrenzt vorhanden, zeigen Untersuchungen, wie etwa die des Ludwig-Bölkow-Institutes in Ottobrunn bei München. „Peak Oil", also das Fördermaximum der globalen Erdölförderung, ist mittlerweile erreicht. Die nach wie vor verbreitete Hoffnung, ohne Ölspekulation wären die Preise nicht so explodiert, ist unbegründet. Denn an erster Stelle zeichnet weniger Ölproduktion für den Preisanstieg verantwortlich. Langfristig betrachtet, prognostizieren die ExpertInnen, wird Erdöl nicht mehr auf das Preisniveau der letzten Jahrzehnte fallen, sondern eher auf dem heutigen Niveau bleiben oder weiter steigen.

Ungebrochene Energienachfrage

An zweiter Stelle treibt die starke und ungebrochene Energienachfrage in den Schwellenländern China, Indien und den Staaten Lateinamerikas den Ölpreis nach oben. Selbst wenn die USA in eine Rezession, eine Wirtschaftskrise schlittern, würde die Weltnachfrage weiter zunehmen. Unschwer vorstellbar, wenn man Einwohnerzahl und Bevölkerungswachstum dieser boomenden Regionen bedenkt.

Eltern als Vorbilder und Energie-Experten

Eltern sind auch Vorbilder der nachhaltigen Energienutzung. Kinder lernen vornehmlich von ihren Eltern. Vorbild zu sein bedarf vieler Energien, Lebensenergien, braucht Willen, Ausdauer und Vertrauen. Lernen ist für jedes Kind in erster Linie ein Prozess des Abschauens und Nachmachens. Ein Vorschulkind nimmt bereits wahr, ob man einen Fernseher ausschaltet oder ihn nur per Fernbedienung in den Standby-Modus versetzt, in dem er weiter elektrische Energie verbraucht: In Europa benötigt der Standby-Betrieb mehr Strom, als ein ganzes Atomkraftwerk erzeugt! Der Stolz von Papa und Mama, ein Hybrid-Auto zu fahren, wird vom Sprössling emotional intensiv erlebt, längst bevor er weiß, was das Wort überhaupt bedeutet. Genau darum geht es in erster Linie, wenn nachhaltige Energienutzung derart erlernt werden soll, dass sie einmal wie selbstverständlich gelebt wird. Eine wahrlich große Aufgabe, für uns Erwachsene und ebenso für unsere Kinder!

Die Energiewende braucht eine neue Grundhaltung!

Was wir tun können und müssen, ist, unserem Kind den Wert der begrenzten Ressourcen zu vermitteln und ihm zu zeigen, dass es mit viel weniger Verschwendung ohne Komfortverlust genauso gut geht. Wir können bereits auf vielerlei bessere Alternativen greifen, als es die fossilatomaren Energien je gewesen sind. Das Wesentlichste für die Energiewende von fossilatomar zu effizient und erneuerbar ist die Vermittlung der grundsätzlichen Einstellung gegenüber der Welt und des verantwortlichen Umgangs mit ihr, so auch der Energienutzung. Wo immer Ihr Kind als Erwachsene/r wirken wird, es wird diese Grundhaltung an Freunde, Lebenspartner, Berufskollegen und die eigenen Kinder und Kindeskinder weitergeben. Und Sie sind der Mensch bzw. werden es sein, der dieses Verhalten anlegt. Ab heute in Ihrem Kind dieser Einstellung zur Reife zu verhelfen, ist eine schöne und lohnende Aufgabe. Das gute Gefühl, dass Sie sich selbst geben, wenn Sie achtsam mit der Schöpfung umgehen, wird verdoppelt, weil es in Ihrem Kind weiterleben wird.

Zukunftsszenarien und Hoffnungsschimmer

Warum wir umdenken und umlenken müssen, steht inzwischen beinahe täglich in den Medien: Mit dem steigenden Erdölverbrauch geht die Welt-Klimaerwärmung rasant einher. Bis 2050 müssen wir 60 % bis 80 % unserer CO_2-Emissionen abgestellt haben, um eine Erwärmung um mehr als 2 Grad Celsius zu verhindern. Das ist die magische Grenze. Steigt die Erwärmung über diesen Wert, sehen die ExpertInnen die Gefahr unkontrollierbarer Wetter- und Klimafolgen, die uns existenziell bedrohen werden! Dass einige Inseln in der Südsee bereits abgesiedelt werden, weil der Meeresspiegel angestiegen ist, gehört zu den traurigen Realitäten von heute, und nicht erst von morgen.

Die Energiezukunft wird einerseits durch das intensive Einsparen von derzeit noch oft gedankenlos verschwendeten Energien gemeistert werden. Hinzu kommt der Einsatz von Erneuerbaren Energien, also von Sonnenwärme, Sonnenlicht, Erdwärme, Biomasse, Biogas, Wind- und Wasserkraft. Das heutige umweltzerstörende Energiesystem wird wegen der Endlichkeit von Erdöl, Erdgas, Uran und auch Kohle auf jeden Fall irgendwann einmal auslaufen. Je länger wir allerdings bis dahin weiter teure Energie unnötig vergeuden, desto tiefer kommen wir in die Spirale von Klimaschäden.

Noch haben wir es in der Hand, die Klimaerwärmung auf ein erträgliches Maß zu begrenzen. Dazu müssen wir aber ab sofort entschieden und engagiert Energie sparen und von fossilatomaren auf erneuerbare Energien umsteigen!

Tipps

Ich kann kein Windkraftwerk im Garten bauen, was sonst kann ich tun? Ich kann meinen Umstieg zur sparsamen und erneuerbaren Energienutzung im eigenen Umfeld „strategisch" planen und umsetzen – bewusst als Vorzeigeprojekt für mein eigenes Kind:

Verkehrsmittel

- Hybrid oder Kleinwagen statt SUV und Sportwagen!
- bei der Verkehrsmittelwahl: zu Fuß gehen, Fahrrad und öffentliche Verkehrsmittel statt Auto oder Flugzeug!

Elektrogeräte

- Stromsparer statt Stromfresser, Energiesparlampe statt Glühbirne, Steckerleisten mit Komplettabschaltung für Standby-Geräte!

Heizen

- Passivhaus- bzw. Niederenergiehausstandard bei der Sanierung oder dem Neubau; Warmwasser-Sonnenkollektoren, Pellets- bzw. Hackschnitzelheizung (für die Nutzung heimischer, CO_2-neutraler Ressourcen) statt Öl-/Gas-Kessel!

Erkundigen Sie sich über die Förderungen für Photovoltaik-Anlagen, steigen Sie auf zertifizierten Ökostrom um!
Kaufen Sie biologische Lebensmittel aus heimischer Produktion! Denn das verringert oft elendslange Transportwege um den halben Globus und den aus Erdöl gewonnenen Kunstdünger.
Nehmen Sie eine Energiesparberatung in Anspruch, ob für zu Hause oder für Ihr Unternehmen! Sie ist oftmals gratis oder teilgefördert. Landesregierungen bzw. Gemeindeämter geben Auskunft. Auswertungen beweisen, dass nach Energieberatungen ohne viel Aufhebens 15 % und oft auch weitaus mehr Energie eingespart wird.
Besuchen Sie Homepages mit Energiespar- oder CO_2-Rechnern! Dort können Sie nachvollziehen, was Sie für Ihr Kind und Ihre Geldbörse Gutes tun können. Oft werden auch gleich Firmen-

adressen für die eigene Region angeboten, die helfen, die Ideen und Absichten real werden zu lassen.

Energieverantwortliches Vorgehen ist auch ökonomisch von Vorteil! Denn Energiesparen schont das Haushaltsbudget. Erneuerbare Energien zu nutzen, hat beste wirtschaftliche Gründe: Wer heute auf eine Pelletsheizung umsteigt, kann bis zu zwei Drittel der bisherigen Heizölkosten einsparen.

Fritz Binder-Krieglstein

DR. FRITZ BINDER-KRIEGLSTEIN, Wien, Jurist und Ökonom; Energieexperte mit Schwerpunkt für erneuerbare Energien und Energieeffizienz; Lobbyist für die Energiewende in Österreich; Vater von zwei Töchtern.

WEITERFÜHRENDE LITERATUR & LINKS

Scheer, H. (2005). Energieautonomie. Eine neue Politik für erneuerbare Energien. Kunstmann Verlag, München.

Wagner, H.-J. (2007). Was sind die Energien des 21. Jahrhunderts? Der Wettlauf um die Lagerstätten. 2. Auflage, Fischer Taschenbuch Verlag, Frankfurt am Main.

Jäger, J. (2007). Was verträgt die Erde noch? Wege in die Nachhaltigkeit. 4. Auflage, Fischer Taschenbuch Verlag, Frankfurt am Main.

www.energiekrise.de (Homepage der deutschen Stelle der ASPO – Association for the Study of Peak Oil)

www.energyglobe.com (Energiespar- und CO_2-Rechner, Kontaktadressen für Energieberatung in der Region)

www.propellets.at (monatliche Preisvergleiche Pellets- vs. Gas-/Ölheizung)

www.oekonews.at (Tageszeitung für erneuerbare Energien und Nachhaltigkeit)

03

Stopp dem Verkehrsinfarkt!

Die Veränderung des Menschen durch das Auto

(Hermann Knoflacher)

„Mit dem Auto ist ja die Kunst des Ankommens verloren gegangen."

(Erhart Kästner, 1904–1974)

Niemand bestreitet ernsthaft, dass der Verkehr eine wesentliche Voraussetzung für die Mobilität und in weiterer Folge für die Teilnahme am gesellschaftlichen und wirtschaftlichen Leben darstellt. Der Verkehr ist mit der Hoffnung auf Geschwindigkeit verbunden, aber auch mit direkten und indirekten gesundheitlichen, ökologischen und sozialen Folgen. Lärm, CO_2-relevante Abgase, Unfälle und massiver Flächenverbrauch sind unliebsame Begleiterscheinungen des motorisierten Verkehrs. Von entscheidender Bedeutung für die Gestaltung unserer Lebenswelt und den Lebensalltag – auch unserer Kinder – ist daher die Frage der Bedeutung, die wir der Automobilisierung beimessen.

Worum es geht

Mobilität

Die technischen Verkehrsmittel haben den Menschen ernorme Möglichkeiten eingeräumt, die Rückseite dieser Entwicklung scheint man aber nicht beachtet zu haben. Heute wird sie immer deutlicher. Noch nie war die Erdoberfläche so mit Fahrbahnen bedeckt wie heute, noch nie gab es so viel Stau im Autoverkehr wie heute. Es ist nach wie vor von einem Wachstum der Mobilität die Rede, für die man ständig neue Infrastruktur zu bauen hätte. Und nach wie vor erhofft man sich vom Ausbau des Straßennetzes vor allem eines: Zeitersparnis im Verkehr.

Die falschen Grundlagen des Verkehrswesens

Das herkömmliche Verkehrswesen ist keine wissenschaftliche Disziplin, sondern eine Zunft, die von der schnellen technischen Entwicklung, insbesondere der Verkehrsmittel, geradezu überrollt wurde. Man musste versuchen, rasch irgendwelche baulichen Lösungen zu finden – zunächst bei den Eisenbahnen und später bei den Fahrbahnen bis hin zu den Autobahnen. Letztere beruhen auf Versuch und Irrtum elementarer fahrdynamischer Überlegungen, nicht aber auf soliden wissenschaftlichen Analysen der durch sie hervorgerufenen Wirkungen.

Für den Menschen, das wichtigste Element im Verkehrswesen, fehlte zunächst das Wissen. Entsprechende evolutions- und erkenntnistheoretische Instrumente standen zum Zeitpunkt der maßgeblichen verkehrstechnischen Entwicklungen noch nicht zur Verfügung. Das Verständnis des Menschen und der Menschen ist aber von grundlegender Bedeutung für eine zukunftsorientierte, nachhaltige Verkehrsplanung, die in der praktischen Anwendung Konflikte auf Dauer löst, während die mit den alten Methoden erzeugten Verkehrslösungen zwangsläufig zu Konflikten führen. Darüber hinaus sind die Kernhypothesen herkömmlichen Verkehrswesens falsch und entsprechen nicht den tatsächlichen Systemwirkungen.

Fachliche Hintergründe

Fakten zum Verkehrswesen*

- Der Individualverkehr auf Österreichs Straßen hat sich seit 1980 mehr als verdoppelt, dabei hat die Wachstumsrate nach 1990 noch zugelegt.
- Die Folge: Die CO_2-Emissionen des Verkehrs sind in Österreich von 1990 bis 2003 um 83 % gestiegen.
- Verkehrsflächen (Straßen und Parkplätze) verbrauchen in Österreich bereits eine Fläche von annähernd 2000 Quadratkilometern und wachsen täglich um ca. 5,8 ha. Damit nehmen Verkehrsflächen etwa die Hälfte der gesamten verbauten Fläche ein.
- 50 % aller Autofahrten sind kürzer als 5 km, ein Viertel sogar unter 2 km.
- Österreichische Männer verbringen rund viermal mehr Zeit im Verkehr als mit Kinderbetreuung.

* Vgl. Ärztinnen und Ärzte für eine gesunde Umwelt (2005) sowie www.umweltbundesamt.at

Erste Kernhypothese des Verkehrswesens: Die Mobilität nimmt zu.

Der Begriff Mobilität wurde jahrzehntelang falsch verwendet, weil er sich lediglich auf das Autofahren bezog. Mobilität ist aber jede Ortsbewegung, unabhängig von der Art des Verkehrsmittels, und dient immer einem bestimmten Zweck. Mobilität kann daher nur zunehmen, wenn die Zwecke sich ändern. Dies ist aber nicht passiert, die Menschheit geht heute den gleichen Zwecken nach wie seinerzeit, als es noch keine technischen Verkehrsmittel gab: zur Arbeit, zum Einkaufen, zur Ausbildung, in die Freizeit, nach Hause. Mit der zunehmenden Zahl der Autofahrten hat die Zahl der Wege mit allen anderen Verkehrsmitteln, also zu Fuß, mit dem Fahrrad und öffentlichem Verkehr, proportional abgenommen. An der Gesamtmobilität hat sich nichts geändert. Sie ist heute nach wie vor, wie auch früher, bei drei bis vier Wegen pro Person und Tag im Durchschnitt der Bevölkerung. Damit ist die erste Kernhypothese des Verkehrswesens wissenschaftlich widerlegt.

Zweite Kernhypothese des Verkehrswesens: Geschwindigkeit bringt Zeitersparnis.

Die zweite Tatsache ist schwieriger zu verstehen, weil die individuelle Erfahrung von der Systemwirkung abweicht. Die Menschen konnten sich nie schneller als zu Fuß bewegen – es ging höchstens die Atemluft aus. Die Identifikation mit dem Auto verschob die Normalität weit aus dem Bereich des Menschlichen. Während 30 km/h zu Fuß kaum von jemandem auch nur auf kurzen Strecken erreicht werden, wird dieses Tempo von den Autofahrern als unzumutbar langsam empfunden. Der Wunsch nach hohen Geschwindigkeiten resultiert aus der individuellen Erfahrung, dass man für das Zurücklegen des gleichen Weges mit schnelleren Verkehrsmitteln weniger Zeit braucht. Man geht davon aus, dass eine Erhöhung der Geschwindigkeit auch zu einer Zeiteinsparung im System führt. Die wissenschaftliche Analyse widerlegte diese Annahme. Steigt die Geschwindigkeit, so nehmen nur die Weglängen zu, die Reisezeit bleibt konstant. Dieser Effekt entsteht dadurch, dass sich die Strukturen, also die menschlichen Aktivitäten, den neuen Geschwindigkeiten anpassen. Nach wie vor wird aber mit der im Verkehrssystem nicht existenten Größe der Zeitersparnis gearbeitet. Auf dieser Grundlage werden auch alle Kosten-Nutzen-Berechnungen gemacht.

Der Preis der Geschwindigkeit

Wenn man falsche Berechnungen als Entscheidungsgrundlage heranzieht, darf man sich über die Ergebnisse nicht wundern. Jeder Ausbau, der die Geschwindigkeiten erhöht, muss nach den elementaren Formeln des Verkehrswesens Menge = Dichte x Geschwindigkeit zwangsläufig zur Vergrößerung des Staus führen. Herkömmliches Verkehrswesen ist daher eine Disziplin, die – ohne es zu wollen – Stau maximiert, wobei sie die Absicht hat, Stau zu vermeiden.

Die hohen Geschwindigkeiten haben auch ihren physikalischen Preis, nämlich den hohen Energieverbrauch und die hohen Umweltbelastungen mit den daraus resultierenden Folgen der Klimaänderung. Im lokalen Bereich nehmen die Feinstaubbelastungen trotz aller technischen Fortschritte ständig zu und gefährden die Gesundheit der Menschen, es gibt nach wie vor das Waldsterben, obwohl nicht mehr darüber berichtet wird, und die Klimaänderung – ausgelöst durch fossile Treibstoffe – macht sich in ungewohnten Wettersituationen, aber auch bereits in regionalen Katastrophen wie Überschwemmungen oder Dürreperioden, immer deutlicher bemerkbar.

Die Physik bildet sich natürlich auch im Unfallgeschehen ab. Alle Straßen, die schneller befahren werden, sind für die Fahrzeuginsassen wesentlich gefährlicher als solche, die langsam befahren werden.
Höhere Geschwindigkeit fordert immer ihren Preis. Ein System, das langsam ist, kann nicht gut ausweichen und muss daher die Probleme vor Ort lösen, es muss sich dem Menschen anpassen. Schnelle Systeme zwingen die Menschen zur Unterordnung, weil der wirtschaftlich Stärkere und Schnellere jederzeit über die Gemeindegrenzen ausweichen kann und damit jede Gemeinde, jeden Staat, selbst jeden Kontinent erpressbar macht. Mit den hohen Geschwindigkeiten werden daher die Wettbewerbsverhältnisse in der Wirtschaft zugunsten der großen zentralistischen Betriebe verschoben. In den Dörfern und Städten ist aber zu beobachten, dass die Nahversorgung, die Vielzahl und Vielfalt der Handelsgeschäfte und Handwerksbetriebe vor Ort, verschwunden ist, auch immer mehr Wirtshäuser zusperren und dafür irgendwo außerhalb der Städte riesige Shoppingcenter entstanden sind, die man nur mit dem Auto erreicht und wo sich zunehmend auch Unterhaltungseinrichtungen und Restaurants konzentrieren. Hohe Geschwindigkeiten führen daher zwangsläufig über den Verlust lokaler Arbeitsplätze zu struktureller Arbeitslosigkeit, immer größeren Pendlerdistanzen und damit immer höheren (Verkehrs-)Kosten. Darüber hinaus verschwinden mit der Infrastruktur auch Orte der Kommunikation und Begegnung. Die soziale Isolation wird gefördert.

Das Auto verändert das Wesen des Menschen!

Untersuchungen haben aber darüber hinaus noch gezeigt, dass das Auto tief in das grundlegende Wesen des Menschen hineinwirkt, in das Denken und Handeln, bis hin zum Wertesystem. Nur so ist es zu verstehen, dass die einst als Lebensräume geschaffenen öffentlichen Räume in den Ortschaften und Städten nahezu selbstverständlich zu Fahrbahnen und Lagerplätzen für Maschinen, nämlich Autos, umgewandelt wurden; dass Eltern die Lebensräume ihrer Kinder durch das Abstellen der Fahrzeuge und rücksichtslose Fahrweise zerstören; dass nachhaltige Strukturen der Siedlungen und der Wirtschaft aufgegeben wurden und sich die ganze Menschheit auf das Risiko – gefühlter oder tatsächlicher – autoorientierter Abhängigkeit eingelassen hat. Durch diese Strukturen sitzen die Menschen heute in der Falle der internationalen Erdölkonzerne und der Autofirmen, in die sie sich selbst begeben haben. Ist nämlich das Auto in der Nähe, kann man an ihm schwer vorbeigehen, weil es so viele Vorteile bietet. Noch vor 50 Jahren war es unvorstellbar, dass irgendwann einmal jeder Haushalt ein Auto besitzen wird, für die heutige Gesellschaft ist es ebenso unvorstellbar, in Zukunft kein Auto mehr zu haben. Das Auto wirkt wie ein Virus auf den Menschen und muss daher – will man sich die Freiheit als Mensch wieder verschaffen – ähnlich behandelt werden.

Tipps

Lösen Sie sich von der Vorstellung, von Ihrem Auto abhängig zu sein. Sie stehen nicht im Stau, Sie sind der Stau!

Zu Fuß gehen

- Eröffnen Sie sich neue Perspektiven, indem Sie Wege zu Fuß zurücklegen, die Ihnen heute aus Sicht des Autofahrers als zu lang erscheinen. Sie werden sich wundern, wie kurz manche Wege tatsächlich sind, weil es für Fußgänger elegantere und bessere Lösungen gibt. Gerade in den verbauten Gebieten der Siedlungen kann nahezu die Hälfte der (Auto-)Wege mühelos eingespart und/oder viel gesünder mit dem Fahrrad bewältigt werden.

Verkehrsberuhigung

- Setzen Sie sich für verkehrsberuhigende Maßnahmen in Ihrem Wohnumfeld ein. Bestehen Sie nicht auf Ihrem Parkplatz vor der Haustür. Fordern Sie stattdessen Haltestellen und häufig verkehrende öffentliche Verkehrsmittel in Ihrem Wohnumfeld sowie Fahrradständer und -abstellflächen.

Zeit nehmen

- Verweigern Sie sich dem Wunsch nach Geschwindigkeit! Genießen Sie stattdessen die Vorzüge des nicht motorisierten oder öffentlichen Verkehrs: gesunde Bewegung (der Autofahrer atmet wesentlich konzentriertere Abgase aus den Vorderfahrzeugen ein als der Radfahrer), Kostenersparnis in Zeiten horrender Treibstoffpreise, entspannteres Vorankommen, keine lästige Parkplatzsuche.

Freizeit

- Verbringen Sie Ihre Freizeit in der Nähe, kaufen Sie so nahe wie möglich ein, nutzen und fordern Sie Fußgeherzonen und attraktive Freizeitangebote vor Ort.

Geben Sie der Automobilität die Bedeutung, die ihr zusteht: Leben erleichternde, nicht Leben bestimmende, und vermitteln Sie diese auch Ihrem Kind. Lassen Sie sich selbst und Ihrem Kind die Wahl, auf eigenen Beinen durch die Welt zu gehen. Gehen mehr Menschen zu Fuß, bleibt die Zeit in der Nähe, bleibt die Kaufkraft in der Nähe, entsteht in der Nähe eine Vielfalt.

Hermann Knoflacher

EM. UNIV.-PROF. DI DR. HERMANN KNOFLACHER, Verkehrsexperte, leitete das Institut für Verkehrsplanung und Verkehrstechnik an der Technischen Universität Wien.

WEITERFÜHRENDE LITERATUR & LINKS

Hubbert, M. K. (1971). The Energy Resources of the Earth. In: Energy and Power. A Scientific American Book, pp 31–40. Freeman, San Francisco.

Knoflacher, H. (1985). Katalysatoren für Nichtmotorisierte. Verlag Professor Hermann Knoflacher, Wien.

Knoflacher, H. (1996). Zur Harmonie von Stadt und Verkehr. Freiheit vom Zwang zum Autofahren. 2., verbesserte und erweiterte Auflage. Böhlau Verlag, Wien – Köln – Weimar.
Knoflacher, H. (1997). Landschaft ohne Autobahnen. Für eine zukunftsorientierte Verkehrsplanung. Böhlau Verlag, Wien – Köln – Weimar.
Knoflacher, H. (2001). Stehzeuge. Der Stau ist kein Verkehrsproblem. Böhlau Verlag, Wien.
Knoflacher, H. (2007). Grundlagen der Verkehrs- und Siedlungsplanung: Verkehrsplanung. Böhlau Verlag, Wien – Köln – Weimar.
Office for Official Publication of the European Communities (2001). White Paper: European transport policy for 2010: time to decide. Luxembourg.
Ärztinnen und Ärzte für eine gesunde Umwelt (Hrsg.) (2005). Auto & Gesundheit. Broschüre, erhältlich bei Ärztinnen und Ärzte für eine gesunde Umwelt, Große Mohrengasse 39/6, 1020 Wien (Tel.: +43 1 4277 64722, E-Mail: aegu.wien@blackbox.net).
Heine, H., Mautz, R. & Rosenbaum, W. (2001). Mobilität im Alltag. Warum wir nicht vom Auto lassen. Campus Verlag.

www.bike2business.at (Österreich sucht die fahrradfreundlichsten Unternehmen)
http://www.umweltnet.at/article/archive/7207 (Artikelarchiv des Lebensministeriums zum Thema Verkehr/Lärmschutz)
www.vcoe.at (diverse Publikationen und Factsheets zum Thema Mobilität, z. B. „Automobilität – Die Grenze als Chance", „Verkehr 2020 – Ziele und Entwicklungen")
www.bahnfakten.at (Daten und Fakten des VCÖ zur Verkehrsinfrastruktur)
www.bundesumweltamt.at (Interessantes zum Verkehrsflächenverbrauch und seinen Folgen)

04

Hinein ins Vergnügen!

Wie Sie zukunftsverträglich Urlaub machen können

(Christian Hlavac)

„Das Reisen führt uns zu uns zurück."

(Albert Camus, 1913–1960, französischer Erzähler und Dramatiker)

Für viele ist der Urlaub die „schönste Zeit im Jahr". Für viele andere ist ihr Urlaub genau das Gegenteil: Kinderprostitution ist dafür nur das krasseste Beispiel. Ausbeuterische, unsichere Beschäftigung steht in der Tourismusbranche an der Tagesordnung. Dazu kommt in vielen Regionen der Welt die schonungslose Opferung von Natur und Kultur der Zielregionen zu Gunsten touristischer Zwecke. „Zukünftig wird es nicht mehr darauf ankommen, dass wir überall hinfahren können, sondern, ob es sich lohnt, dort anzukommen." Zu dieser Erkenntnis kam der deutsche Schriftsteller Hermann Löns (1866–1914) bereits vor einem Jahrhundert. Zukunftsverträglich Urlauben ist keine alternative Tourismus-Nische, sondern ein Handlungsprogramm für alle Formen des Reisens. Es ist ein Schritt in die Richtung einer nachhaltigen Entwicklung.

Worum es geht

Auch der Tourismus muss nachhaltig werden

Viele von uns sind in der glücklichen Lage, im Urlaub die Schönheit und den Reichtum anderer Länder erfahren zu dürfen. Dienste und Ressourcen unserer Gastgeber nehmen wir dabei in vielfältiger Weise in Anspruch. Gerade das, was unserer Freude und Erholung dient, sollte aber unseren Gastgebern nicht zum Schaden gereichen. Zu sozialer Ausbeutung, zum finanziellen Debakel, zum ökologischen Ruin. Hierbei ist insbesondere auch auf die langfristigen Wirkungen unserer Unternehmungen bzw. der Weise, wie wir die Dinge unternehmen, zu achten. Denn auch im Tourismus gilt: „Wir haben die Erde nur von unseren Kindern geborgt." Die Erfordernisse im Sinne einer „Gerechtigkeit zwischen den Generationen" sowie einer „nachhaltigen Entwicklung" (sustainable development) lassen sich in folgenden Punkten zusammenfassen, die unser Handeln auch und gerade im Urlaub leiten sollten:

- das Gestaltungsrecht zukünftiger Generationen (Erhaltung der Umsetzungsspielräume für unsere Kinder und Kindeskinder),
- Respekt vor Menschen, Natur und Kultur,
- Schonung der Natur und aktiver Ressourcenschutz,
- Förderung lokaler Wertschöpfung und
- optimale Bedürfnisbefriedigung und subjektives Wohlbefinden der Menschen.

Die Umwelt schonen, Ressourcen effizient nutzen, soziale Fairness konkret leben, der Kultur der Menschen in den Zielländern offen und angepasst gegenüberstehen, der ortsansässigen Bevölkerung wirtschaftlich eine Chance geben, und dabei den Urlaub genießen: So kann jede/r einzelne Reisende zu mehr Nachhaltigkeit und Fairness im Tourismus beitragen.

Fachliche Hintergründe

Schattenseiten des Tourismus

Tourismus ist ein globales Geschäft mit globalen Auswirkungen. Die (negativen) Konsequenzen konzentrieren sich jedoch häufig in den bereisten Ländern. Und immer häufiger zählen die Länder des Südens (so genannte Entwicklungsländer) zu den beliebten Reisezielen. Diese Entwicklung bringt einerseits Devisen und Arbeitsplätze in die betroffenen Länder, sorgt aber auch für ökologische, wirtschaftliche und soziale Probleme. Entwicklungsorganisationen kritisieren neben der klimarelevanten CO_2-Problematik des Flugverkehrs u. a.

- die mangelnde Kontrollierbarkeit der Touristenströme durch die bereisten Länder,
- die wirtschaftliche Abhängigkeit vom unsicheren, stark schwankenden Tourismusmarkt,
- die Zerstörung gewachsener sozialer und kultureller Strukturen vor Ort,
- die Mitbeförderung nicht nachhaltiger Konsummuster, die sich auch im hohen Verbrauch an (Natur-)Flächen, Energie und Wasser durch die Tourismusbranche niederschlagen,
- Raubbau an der Natur und massive Umweltschäden in den Zielgebieten,
- sowie die Förderung von Prostitution und Ausbeutung, insbesondere auch von Kindern, in den touristischen Zentren.

Kindermissbrauch

Das UN-Kinderhilfswerk UNICEF schätzt, dass weltweit mindestens zwei Millionen Kinder und Jugendliche gezwungen sind bzw. werden, ihren Lebensunterhalt mit Prostitution zu verdienen. Durch die steigende Nachfrage von (fast ausschließlich männlichen) Touristen aus westlichen Industrieländern hat diese Form der Ausbeutung und des Missbrauchs von Kindern in einigen Regionen dieser Welt in den vergangenen Jahren stark zugenommen. Am stärksten betroffen sind derzeit Kinder und Jugendliche in Südostasien, Lateinamerika, Afrika und Osteuropa. Für ein paar Euro werden in diesen Ländern täglich Kinder zwischen sechs und sechzehn Jahren von Touristen sexuell missbraucht. Der Tourismus an sich ist nicht ursächlich schuld an diesem Problem, doch erleichtert die weltweit boomende Tourismuswirtschaft auch die Reisetätigkeit mancher rücksichtsloser Touristen. Und leider gibt es auch – wenngleich wenige – dubiose, meist unbekannte Reisevermittler, die aus diesen kriminellen Absichten ihrer Kunden Profit schlagen.

Verhaltenskodex zum Schutz der Kinder

Seit 1998 gibt es den „Verhaltenskodex zum Schutz der Kinder vor sexueller Ausbeutung beim Reisen und im Tourismus". Seither wird er in sechs europäischen Ländern (darunter auch Österreich) und zahlreichen Reisedestinationen von Reiseunternehmen und Verbänden umgesetzt. Ziel ist es, durch Bildungs- und Sensibilisierungsarbeit sexuell ausbeutendes Verhalten von Touristen zu verhindern bzw. zu erschweren. Reisende werden zum Thema aufgeklärt und erhalten konkrete Hilfestellung durch Verhaltensregeln für den Fall, dass sie Zeuge verdächtiger Annäherungen oder krimineller Handlungen an Kindern werden. Die sexuelle Ausbeutung von Kindern ist ein Kapitalverbrechen, das bei entsprechenden Hinweisen auch ohne Anzeige von Staats wegen verfolgt werden muss!

Die Verantwortung der Reisenden

Allen Reisenden sollte bewusst sein, dass sie Mitverantwortung für die touristischen Effekte in den Destinationen übernehmen: Die Probleme, die durch Tourismus verursacht werden, sind nicht nur Probleme der Destinationen. Sie werden durch die Motivation und das Verhalten der Reisenden – also durch deren Situationen im Arbeits- und Lebensalltag – mit verursacht.
Eltern sollten so bewusst reisen, dass der Urlaub sowohl für sie als auch die Gastgeber in vielerlei Hinsicht ein Gewinn wird. Das beginnt bei der Wahl des Urlaubsortes, geht über die Übernachtung in einer regionaltypischen Unterkunft mit Umweltsiegel (z. B. dem Österreichischen Umweltzeichen für Tourismusbetriebe) und umfasst auch das gewählte Verkehrsmittel.

Tourismus und Klimawandel

Aus der Erkenntnis heraus, dass der Tourismus als Ganzes nicht nur Opfer des Klimawandels ist, sondern auch selbst vor allem durch den motorisierten Verkehr und die dadurch entstehenden „Klimagase" zum Klimawandel beiträgt, setzen einige Tourismusgemeinden und -unternehmen bei der Vermeidung von Klimagasen, v. a. von Kohlenstoffdioxid, Methangas und Distickstoffoxid (Lachgas), an. Nicht nur die An- und Abreise mit PKW und Flugzeug bedingt den Ausstoß von Klimagasen im Tourismus, sondern auch der Aufenthalt vor Ort (Mobilität vor Ort, Lebensmittel, Wärmeerzeugung, Stromverbrauch etc.) führt zur Emission von schädlichen Klimagasen.

Engagierte und aufmerksame Reisende können Druck auf die Anbieter ausüben, klimaverträglichere Produkte und Dienstleistungen anzubieten. Letztlich bestimmen die Wünsche der Reisenden das Angebot am Markt.

Nachhaltig reisen und genießen

Kinder kommen entspannter an, wenn sie mit dem Zug und nicht mit dem Flugzeug anreisen. Was spricht daher bei einem zweiwöchigen Korfu-Aufenthalt gegen die Anreise mit dem Zug nach Venedig und die Weiterfahrt mit dem Fährschiff? Oder man bleibt im Alpenraum und macht Urlaub in jenen Tourismusgemeinden, die unter dem Titel „Alpine Pearls" Urlaub vom Auto anbieten. So beginnt der Urlaub schon zu Hause: Bequem ohne Auto und Stress anreisen und vor Ort ohne eigenes Auto rund um die Uhr mobil sein. Gleichzeitig reduzieren die Gäste damit den Lärm im Urlaubsort und erhöhen die Luftqualität für sich selbst, ihre Kinder und Gastgeber. Immerhin entstehen rund 50 % der vom PKW-Verkehr verursachten CO_2-Emissionen im Urlaubs- und Freizeitverkehr. Inzwischen gibt es auch in Österreich Reiseanbieter, die unter dem Motto „Zeit ist im Urlaub Ihr wertvollstes Geschenk an sich selbst und Ihre Mitreisenden" die Anreise per Bahn und Schiff anbieten. Diese Unternehmen rufen auch zu einer neuen Balance auf: So sollen deren Kunden eine weite Anreise mit einem längeren Aufenthalt verbinden. Je weiter der Urlaubsort entfernt ist, desto länger sollte der Aufenthalt dauern. Dies ermöglicht eine bessere Ökobilanz und das Einlassen auf eine andere Kultur, nämlich die Kultur der „Bereisten“. Für den wahren Genuss sollte man sich Zeit nehmen. Nachhaltiger Tourismus will Ihre Reiselust nicht einschränken. Es geht vielmehr darum, den Urlaub bewusst nachhaltig zu genießen und ihn damit zu bereichern.

Tipps

Wahl des Urlaubsortes

Nachhaltiger Urlaub beginnt bereits bei der Urlaubsplanung. Vielleicht ist der Wolfgangsee genauso schön wie Waikiki? Kinder sind sicher begeistert über die Erfahrungen, die sie bei einem Urlaub am (Bio-)Bauernhof machen können.

- Berücksichtigen Sie jedenfalls ökologische und soziale Kriterien bereits bei der Wahl des Urlaubsorts und der Art der Anreise.
- Achten Sie auf ein angemessenes Verhältnis zwischen Anreiseweg und Aufenthaltsdauer. Informieren Sie sich vor allem bei Fernreisen vorab über den Verhaltenskodex zum Schutz der Kinder vor sexueller Ausbeutung.
- Lassen Sie die lokale Bevölkerung und Wirtschaft bestmöglich von Ihrem Aufenthalt profitieren. „All-Inclusive“-Angebote bieten diesbezüglich schlechte Voraussetzungen. Sie verhindern häufig nicht nur die Nutzung der regionalen Infrastruktur, sondern auch das Kennenlernen der Menschen und der Kultur.

Speisen aus der Region

- Ausflüge in die regionale Küche laden zu einer anderen Art von Entdeckungsreise ein. Frisch zubereitete Speisen aus biologisch produzierten Lebensmitteln bringen mehr Genuss und schmecken frischer als importierte Nahrungsmittel oder „kopierte“ (europäische) Gerichte. Das Wiener Schnitzel mit Pommes und Ketchup können Eltern und Kinder allenfalls bei einem Urlaub in Österreich genießen.

Lokal produzierte Souvenirs	• Achten Sie beim Kauf von Souvenirs darauf, ob diese tatsächlich im Urlaubsland hergestellt wurden. Lokal produzierte Waren unterstützen die lokalen Handwerksbetriebe und stärken die lokale Wirtschaft. Das Washingtoner Artenschutzabkommen verbietet den Handel von Souvenirs aus bedrohten Arten. Nehmen Sie auch selbst vom Kauf von Souvenirs aus bedrohten Arten (z. B. Korallen und Muscheln) Abstand und verzichten Sie auf den Erwerb lebender Tiere und Pflanzen im Urlaubsland.
Ausleihen statt kaufen	• Aktivurlauber benötigen oft eine große Anzahl an Ausrüstungsgegenständen: Skier, Surfbretter, Schlauchboote oder Fahrräder. Da eine Familie diese Unzahl an Gegenständen nur schwer mit dem Zug oder Bus mitnehmen kann, zahlt sich für Familien das Ausleihen vor Ort aus. Außerdem wachsen Kinder schnell und brauchen alle zwei bis drei Jahre eine neue Ausrüstung.
Freizeitverhalten anpassen	• Passen Sie Ihre Aktivitäten den örtlichen Gegebenheiten an. Dies betrifft den Umgang mit wertvollen Wasserreserven (z. B. bei der täglichen Hygiene) genauso wie Ihre Outdoor-Aktivitäten. • Überlegen Sie stets die Angemessenheit Ihres persönlichen Verhaltens und der Angebote vor Ort: Bestehen Sie auf einem Skivergnügen auch im Frühling auf Kunstschnee?
Fremde Kulturen respektieren	• Denken Sie als Reisender immer daran, dass die Menschen vor Ort Ihre Gastgeber sind. Reisen mit Respekt heißt daher: Rücksichtnahme auf Glaube, Sitten, Traditionen und gesellschaftliche Umgangsformen. Ein Lächeln sagt oft mehr als tausend Worte, ein paar Worte in der Landessprache können Brücken zwischen Menschen bauen. Einheimische freuen sich immer über echtes Interesse an ihrem Land und ihren Lebensgewohnheiten. • Respektvolles und vorurteilsfreies Miteinander im Urlaub stellt keinen Verzicht, sondern im Gegenteil eine Bereicherung dar. Insgesamt gilt bei jedem Urlaub als Motto: Wie man in den

Wald hineinruft, so schallt es zurück. Daher: Zeigen Sie als Gast jenen Respekt, den Sie von Gästen in Ihrem eigenen Lebensumfeld erwarten. Schließlich sind Sie als Eltern immer Vorbild für Ihre und fremde Kinder.

Christian Hlavac

DI CHRISTIAN HLAVAC, Jahrgang 1972, Studium der Landschaftsplanung an der Universität für Bodenkultur Wien. 1999 bis 2006 Mitarbeiter von „respect – Institut für Integrativen Tourismus und Entwicklung“. 2007 Gründung von „GaLaTour – Zentrum für Garten, Landschaft und Tourismus“. Lehrbeauftragter seit 2004 an der FH Management Center Innsbruck für „Nachhaltige Entwicklung im Tourismus“ und 2006 bzw. 2008 an der Universität für Bodenkultur Wien für „Touristische Raumplanung“ und „Tourismus und Erholungsplanung“.
Kontakt: www.galatour.at

WEITERFÜHRENDE LITERATUR & LINKS

Verträglich Reisen. Das Magazin für Reisen und Umwelt. Erhältlich unter www.vertraeglich-reisen.de

www.sanftes-reisen.org (Internetdatenbank und Portal mit sanften Reiseangeboten)
www.alpine-pearls.com (sanft-mobiler Urlaub in 22 Alpenorten)
www.urlaubambauernhof.at (Bundesverband „Urlaub am Bauernhof“, 5020 Salzburg, Gabelsbergerstr. 19, Tel.: +43 662 88 02 02, hat auch Biobauernhöfe im Programm)
www.fahrradreisen.de (weltweite Radreisen-Datenbank)
www.atmosfair.de (Hintergrundinformationen zum Thema Fliegen, inklusive Emissionsrechner)

www.respect.at (Institut für integrativen Tourismus und Entwicklung, informiert über Reisen mit Respekt, u. a. auch über den Verhaltenskodex zum Schutz der Kinder gegen sexuelle Ausbeutung)

www.ecpat.at (Arbeitsgemeinschaft zum Schutz der Kinder gegen sexuelle Ausbeutung)

www.artenschutz-online.de (laufend aktualisierte Informationen der Zollbehörde und des Bundesamts für Naturschutz über geschützte Tiere und Pflanzen bzw. daraus hergestellte Produkte)

www.iz3w.org (Informationszentrum Dritte Welt, betreibt Öffentlichkeitsarbeit zu Auswirkungen des Tourismus in Entwicklungsländern)

www.oete.de (ÖTE – Ökologischer Tourismus in Europa e. V., Verband für umwelt- und sozialverträglichen Tourismus – viele Publikationen zum Download)

www.soft-mobility.com (NETS – Europäisches Netzwerk Tourismus mit Sanfter Mobilität informiert über autofreie und verkehrsberuhigte Urlaubsziele)

05

Kinder im Verkehr

Damit unsere Kleinsten
nicht unter unsere Räder kommen

(Hanns Moshammer)

„Verkehr ist, wenn man trotzdem lebt."

(Siegfried „Siggi" Sommer, deutscher Schriftsteller und Journalist)

Heutige Wohnumwelten sind stärker durch Aspekte des Verkehrs als durch jene des Wohnens geprägt. Verkehrsflächen nehmen weitaus die größten Flächen besiedelten Lebensraums ein. Einerseits ermöglichen solche Verkehrsflächen zwar Mobilität, andererseits sind es aber auch gerade die wachsenden Verkehrsflächen, die den Bewegungs(spiel)raum, vor allem von Kindern, massiv beschneiden. Der Mensch ist mit seinem Mobilitätsbedürfnis und -verhalten Verursacher vielfältiger ökologischer, sozialer und gesundheitlicher Folgeerscheinungen des Verkehrs, von denen er gleichzeitig betroffen ist. Die Verlierer dieser Entwicklung sind die Kinder. In einer auto- statt kindgerechten Umwelt leiden aber auch die Eltern. Ein Lebensumfeld, in dem sich Kinder wohl fühlen, ist gut für alle Menschen. Dabei kommt es auf das rechte Maß und den nötigen Raum für die Bedürfnisse der Bewohner an. Jeder Einzelne kann durch sein Verhalten dazu beitragen, die Wohnumwelt wieder wohnlicher und kindergerechter zu machen.

Worum es geht

Kinder sind keine kleinen Erwachsenen!

Kinder unterscheiden sich in vielfältiger Hinsicht von Erwachsenen, wodurch sie teilweise empfindlicher auf Umweltbelastungen reagieren: Viele Organsysteme sind bei der Geburt noch nicht ausgereift, sondern wachsen und differenzieren sich erst in den ersten Lebensjahren. Dies betrifft unter anderem das Nerven- und das Immunsystem, aber etwa auch die Atemwege: Erst in den ersten Lebensjahren erreicht die Zahl der Lungenbläschen, die den Gasaustausch zwischen Luft und Blut besorgen, ihre endgültige Größe. Auch sind die kleinen Luftwege (Bronchien und Bronchiolen) bei Kindern noch viel schmäler als bei Erwachsenen, so dass schon geringe entzündliche Einengungen ihrer Lichtung zu einem Abflusshindernis und zu einem Schleimstau führen können. Deshalb, aber auch weil das Immunsystem noch unreif und störanfälliger ist (Entwicklung von Allergien und Asthma!), stellen Luftschadstoffe eine Bedrohung besonders auch für Kinder dar, wobei nicht nur die Gesundheit im Kindesalter selbst gefährdet wird. Vielmehr kann eine verzögerte Lungenreifung oder die Ausbildung eines allergischen Asthmas auch noch in späteren Lebensjahren ernstliche gesundheitliche Probleme bereiten.

Gesundheitliche Belastungen im Verkehr

Von den verschiedenen Quellen der (Außen-)Luftverschmutzung ist der motorisierte Straßenverkehr am ausführlichsten untersucht und dessen schädigende Wirkung wurde in verschiedensten Studien in vielen Ländern und Kontinenten wiederholt nachgewiesen. Dabei zeigten sich unter anderem auch hinzukommende Wirkungen zwischen der Luftverschmutzung aus dem Straßenverkehr und zusätzlichen Belastungen wie zum Beispiel durch Zigarettenrauch verunreinigte Innenraumluft oder psychischer Stress (etwa durch eine problematische Familiensituation).

Die gute Nachricht hierbei ist jedoch: Auch wenn der Einzelne nur schwer etwas gegen die Verschmutzung seiner Außenluft und der seiner Kinder unternehmen kann, so kann er doch die Abwehrkraft der Kinder und deren gesunde Immunabwehr durch verschiedene Maßnahmen stärken: gesunde, vitamin- und ballaststoffreiche Ernährung (reich an Gemüse, am besten aus lokalem Bioanbau), ein liebevolles und unterstützendes Familienleben, ein gesundes Innenraumklima.

Die Auswirkungen der Luftschadstoffe aus dem Straßenverkehr auf die kindliche Gesundheit sollen im Folgenden näher dargestellt werden. Aber der Verkehr produziert nicht nur Luftschadstoffe, sondern ist auch für andere Probleme verantwortlich. Diese werden zum Teil in anderen Kapiteln dieses Ratgebers besprochen und sollen daher hier nur im Überblick dargestellt werden.

Fachliche Hintergründe

Luftverschmutzung

Trotz bedeutsamer Verringerung der Luftverschmutzung ist die Belastung der Luft (in Innenräumen und außen) mit Schadstoffen immer noch ein wichtiger und nachweisbarer Einflussfaktor auf die Gesundheit. So wie Passivrauchbelastung das größte Problem der Innenraumluft ist, sind es die Verkehrsabgase für die Außenluft. Als toxikologisch bedeutsamster Bestandteil der Abgase wie des Zigarettenrauches ist das sog. Verbrennungsaerosol (Feinstaub) zu nennen. Im Straßenraum treten insbesondere bei starkem Verkehrsaufkommen gleich hohe Belastungen an PM_{10} (Summe aller Teilchen – Particulate Matter – mit einem Durchmesser unter 10 µm) wie in stark verrauchten Gaststätten auf. Am höchsten sind die Feinstaubkonzentrationen im Auto selbst. Epidemiologische Studien belegen ähnliche Gesundheitsschäden an stark befahrenen Straßen bzw. bei Berufskraftfahrern wie bei Passivrauchbelastung.

Kinder sind besonders betroffen!

Kinder sind gegenüber Luftschadstoffen allein schon deshalb empfindlicher als Erwachsene, weil ihr Atemminutenvolumen bezogen auf das Körpergewicht etwa doppelt so hoch ist. Bezogen auf ihr Gewicht (und somit auf die mögliche Entgiftungsleistung) atmen sie also bei gleicher Luftbelastung doppelt so viele Schadstoffe ein. Vor allem Kleinkinder sind eine weitere Risikogruppe, weil ihre „Nase" näher am Boden bzw. an den Auspuffen ist. Im Gegensatz zum Erwachsenen kann sich der Säugling weniger gegen eine Belastung wehren bzw. durch einen Ortswechsel die Belastung reduzieren.
Eine Studie der Weltgesundheitsorganisation (WHO) schätzt für Österreich, dass durch verkehrsbedingte Luftschadstoffe jährlich 15.000 Asthmaanfälle bei Kindern unter 15 Jahren auftreten sowie 21.000 Episoden von Bronchitis. Verlorene Schultage wegen Krankheit, Zunahme von Husten und Atemnot sowie verzögertes Lungenwachstum sind weitere nachgewiesene Folgen der Schadstoffbelastung.

Lärm

Lärm wird als Belästigung empfunden. In allen Erhebungen wird der Straßenverkehr als wichtigste Quelle dieser Belästigung benannt. Chronische Belästigung und Lärmstress sind Risikofaktoren für Herz-Kreislauf-Erkrankungen. Studien unter anderem auch an Kindern zeigen Einflüsse auf die Harnkonzentrationen an „Stresshormonen" vor allem bei nächtlicher Lärmbelastung. Die schulische Leistung der Kinder, die Konzentrationsfähigkeit und das Erlernen von Sprache werden durch Umweltlärm beeinträchtigt. Soziales Verhalten nimmt in verlärmten Regionen ab.

Körperliche Aktivität

Nicht nur durch unser Verkehrssystem, sondern auch durch Anforderungen in Schule bzw. Beruf, durch neue Unterhaltungsmedien und gesellschaftliche Erwartungshaltung steigt der Anteil der körperlich inaktiven Menschen in unserer Gesellschaft mit entsprechend vielfältigen Gesundheitsfolgen (Übergewicht, Herz-Kreislauf-Erkrankungen, Stoffwechselkrankheiten, psychisches Wohlbefinden). Für Kinder wäre der tägliche Schulweg eine vortreffliche Gelegenheit zur körperlichen Bewegung. Doch immer mehr Kinder werden (aus Gewohnheit, aus Angst vor Verkehrsunfällen etc.) von den Eltern mit dem Auto zur Schule gebracht. Verschiedene Studien zeigen, dass diese Kinder gegenüber ihren KollegInnen, die selbständig zur Schule kommen, bei Konzentration, Koordinationsaufgaben und räumlicher Orientierung schlechter abschneiden.

Unfälle

Tödliche Verkehrsunfälle nehmen in den meisten entwickelten Ländern ab, der jährliche Blutzoll ist aber immer noch inakzeptabel. Die Abnahme bei der Zahl der Toten ist nur zum Teil durch eine Erhöhung der Sicherheit des Verkehrs zu erklären, bessere Behandlung und raschere Verfügbarkeit ärztlicher Hilfe spielen sicher auch eine Rolle. Selbst Schutzwege (Zebrastreifen) bieten Kindern keinen Schutz vor rücksichtlosen AutofahrerInnen, wie sich immer wieder zeigt. Generell verunglücken Kinder aber vor allem als Pkw-Insassen.

Psychosoziale Folgen

Verkehr wird zunehmend als Bedrohung erlebt. Kinder müssen davor geschützt werden; ihre Erziehung läuft darauf hinaus, sich als schwach und unerwünscht zu erleben. Die spielerische Eroberung des Raumes wird auf das Videospiel verlagert. Gleichzeitig gewinnt das Auto noch an Prestige: Zu Fuß bin ich schwach und verletzlich, erst mit dem Auto oder dem Motorrad bin ich ein vollwertiges Mitglied der (Verkehrs-)Gesellschaft. Glückserlebnisse im Geschwindigkeitsrausch, aggressives Risikoverhalten und schwere Traumata schon bei simplen Blechschäden oder gar bei Verlust des geliebten Blechkübels sind die Folge.

Eine hohe Verkehrsdichte in Wohngebieten hat negative Auswirkungen auf die körperliche und soziale Entwicklung von Kin-

dern. Aufgrund der Angst vor Unfällen dürfen nur wenige Kinder zu Fuß zur Schule gehen oder mit dem Rad dorthin fahren. Der Raum, in dem sich Kinder frei bewegen können, wird immer kleiner, je mehr der Verkehr zunimmt. Kinder bleiben länger von Erwachsenen abhängig und sind weniger körperlich aktiv. Fehlende oder mangelnde motorische Fähigkeiten haben zudem oft soziale und psychische Folgen, die schon in Kindergartengruppen auffallen. Dieselben Mängel führen ihrerseits für solche Kinder zu beträchtlich höheren Schwierigkeiten im Umgang mit Straßenverkehr.

Wie viel (Verkehrs-) Raum braucht der Mensch?

Die Vorteile des motorisierten Verkehrs sind unbestreitbar. Mehr noch: Wir sind von ihm abhängig geworden, und dies wird auch noch die Umwelt und Lebenswirklichkeit unserer Kinder und Enkel entscheidend prägen. Es ist an der Zeit zu fragen, wie viel Verkehr und wie viele Straßen notwendig sind und ab wann es zu viel ist.

Unsere Kinder brauchen für eine kindergerechte Entwicklung (auch im Hinblick auf einen späteren bewussten und verantwortungsvollen Umgang mit dem Werkzeug „Auto") verkehrsfreie Räume. Eine kindgerechte Welt ist menschengerecht: Auch das Kind in jedem von uns braucht Raum zur Entfaltung. Die Selbstverwirklichung im Straßenverkehr ist zwar angesichts eingeschränkter anderer Möglichkeiten psychologisch verständlich, aber im Grunde unverantwortlich.

Technische Verbesserungen bei der Energieeffizienz, dem Schadstoffausstoß, der Verkehrssicherheit und der Lärmbelastung sind notwendig, aber allein nicht ausreichend, um auf lange Sicht nachhaltige Mobilität zu gewährleisten.

Tipps

Angesichts dieser Zusammenhänge sind die Aktionsmöglichkeiten des Einzelnen sicher eingeschränkt. Dennoch können Eltern beispielsweise durch ihre Vorbildwirkung ein Zeichen setzen:

Mit dem Zug fahren

- Planen Sie den Familienausflug mit öffentlichen Verkehrsmitteln. Im Zugabteil haben Sie nicht nur mehr Zeit für Ihre Kinder, als wenn Sie selber am Steuer sitzen. Der Zug bietet auch mehr Bewegungsfreiheit für die Kinder als die Autokabine. Und zusätzlich sind Sie nicht gezwungen, bei einem Spaziergang wieder zum Ausgangspunkt zurückzukehren!

Schulweg

- Organisieren oder unterstützen Sie Schulweggemeinschaften, wo Kinder unter erwachsener Anleitung oder eigenständig in der Gruppe (je nach Alter) gemeinsam und umweltfreundlich zur Schule gelangen. Dies ist nicht nur gut für die Umwelt, sondern fördert auch soziale Kompetenzen, macht mehr Spaß und erlaubt es ein wenig, den Bewegungsdrang vor und nach den Schulstunden auszuleben.

Umwelt- und kinderfreundlich Auto fahren

Und sollte die Fahrt mit dem Auto tatsächlich unvermeidlich sein, können Sie auch hier einen kleinen positiven Beitrag für Umwelt und Gesundheit leisten:

- Indem Sie hohe Geschwindigkeiten vermeiden und damit weniger Sprit verbrennen, weniger Schadstoffe aus dem Auspuff blasen und weniger Lärm verursachen; oder indem Sie bei längeren Stehzeiten (ab 20 Sekunden, z. B. im Stau, an der Ampel, am Bahnübergang) den Motor abstellen.
- Rauchen Sie nicht im Auto – vor allem wenn Kinder dabei sind, und verzichten Sie auch auf Duftstoffe (z. B. „Wunderbäume“) im Autoinnenraum, da diese häufig gesundheitsbedenkliche Stoffe absondern.
- Informieren Sie sich über die richtige Handhabung von Kindersitzen, denn häufig werden diese falsch verwendet!

Es sind oft die kleinen Dinge des Lebens, die Zeichen die wir setzen, die den entscheidenden Unterschied machen! Und es ist Ihr eigenes Mobilitätsverhalten, das Zeichen für die Zukunft setzt!

Hanns Moshammer

DR. HANNS MOSHAMMER, Institut für Umwelthygiene, Zentrum für Public Health, Medizinische Universität Wien; Ärztinnen und Ärzte für eine gesunde Umwelt.

WEITERFÜHRENDE LITERATUR & LINKS

Ärztinnen und Ärzte für eine gesunde Umwelt (Hrsg.) (2005). Auto & Gesundheit. Broschüre, erhältlich bei Ärztinnen und Ärzte für eine gesunde Umwelt, Große Mohrengasse 39/6, 1020 Wien (Tel.: +43 1 4277 64722, E-Mail: aegu.wien@blackbox.net).

www.konsument.at (Testberichte zu Autokindersitzen)
www.autokindersitz.at (alles über Autokindersitze, Broschüre „Sicher unterwegs – Auto-Kinder-Sitz" zum Downloaden oder Bestellen)
www.kfv.at (Kuratorium für Verkehrssicherheit, Infos zum Thema Kinder im Verkehr, z. B. Kindersitz, Schulweg, Sicherer Schulbus, Reflektoren)
www.klimabuendnis.at (Thema Projekte – Kindermeilen: Infos zur Kindermeilenkampagne, Materialien und Aktionsideen für Eltern, z. B. Pedi-Bus (der Autobus auf Füßen), Elternhaltestelle)
www.vcoe.at (viele Publikationen zum Thema Verkehr, z. B. „Kinder – Die Verlierer im Verkehr" zum Bestellen)
www.gib-acht-im-verkehr.de/kinder/ (Kinderforum zur Verkehrssicherheit)
www.helmi.at (Kindersicherheitsclub)

06

Aufwachsen in Liebe und Geborgenheit

Weil Gesundheit auch Umweltsache ist

(Leopold Spindelberger)

„Gesundheit und Verstand, das sind die beiden Lebensgüter."

(Menander, 341–291 v. Chr.)

Klein und zerbrechlich wirkt so ein Neugeborenes. Zart und zerbrechlich ist aber vor allem auch die Kinderseele. Kinder können sich nicht aussuchen, unter welchen Bedingungen sie leben. Gleichzeitig sind sie durch schädliche Einflussfaktoren ihrer Umgebung besonders verwundbar und bedürfen daher unseres besonderen Schutzes. Niemals sind Schutz und Gesundheit so eng verbunden wie in den ersten Lebensjahren. In Gesundheit, Liebe und Geborgenheit sollen unsere Kinder aufwachsen – das ist unser aller Hoffnung, das ist ein Grundrecht des Kindes, und daraus erwächst Ihre Verantwortung als Eltern. Unterstützung finden Sie bei verantwortungsvollen Medizinern, bei Beratungsstellen und in einem festen Glauben an Gott.

Worum es geht

Leben in Gesundheit

Gesundheit ist einer der höchsten Werte in unserer Gesellschaft und in unserem Leben. Aus Sicht der Traditionellen Chinesischen Medizin (TCM) ist ein Leben in Gesundheit möglich, wenn wir sie von Anfang an hegen und pflegen und unseren Kindern gesunde Wachstumsbedingungen bieten. Wir sollten unsere Bemühungen und Energien auf die Gesundheit richten und keine Angst vor Krankheiten haben. Denn viele Krankheiten lassen sich durch eine bewusste und gesunde Lebensweise vermeiden. Dabei kann uns auch der Glaube sehr behilflich sein.

Einheit von Körper und Seele

Das Leben auf unserer Erde ist ein großes Geschenk und unser Körper eines der größten Wunder im ganzen Universum. Daher haben wir auch die Pflicht, für unseren Körper gut zu sorgen, damit – wie es Teresa von Avila ausgedrückt hat – „die Seele darin gerne wohne“. Umgekehrt hat eine gesunde Seele positive Auswirkungen auf unseren Körper, denn letztlich bilden Körper und Seele eine Einheit. Beide sind gleichermaßen für Gesundheit und

Krankheit von Bedeutung. Was für die Gesundheit des Körpers gesunde Umweltbedingungen und die richtige Ernährung darstellen, sind für die Seele Liebe und Geborgenheit. Beides zusammen ermöglicht es, in Gesundheit aufzuwachsen und damit gesunde Grundlagen und ein festes Fundament für das gesamte weitere Leben zu haben.

Die Haut als Spiegel der Seele

Die Haut ist nicht nur unser größtes Sinnesorgan, sondern auch ein Kommunikationsmittel. Nicht ohne Grund wird sie „Spiegel der Seele“ genannt. Symptome auf der Haut können als eine Mitteilung des Kindes über seinen inneren, seelischen Zustand gedeutet werden. Gleichzeitig ist die Haut unsere größte Grenzfläche zu unserer Umwelt. Es ist die Aufgabe jedes Menschen, seine eigenen Grenzen zu finden und irgendwann ein selbstständiges, eigenverantwortungsvolles Leben zu führen. Die Kunst der Erziehenden ist es, diesen Prozess zu unterstützen und zu fördern, indem sie liebevoll Grenzen setzen.

Fachliche Hintergründe

Umweltassoziierte Gesundheitsrisiken für Kinder

Sauberes Trinkwasser, eine angemessene Ernährung, die regelmäßige Entsorgung der Abfälle sowie eine flächendeckende Immunisierung (Impfschutz) führten während der letzten 50 Jahre zu einer enormen Verbesserung der gesundheitlichen Situation von Kindern in den Industrieländern. Klassische Infektionskrankheiten haben an Bedeutung verloren, die Kindersterblichkeit hat drastisch abgenommen. Chronische Krankheitsbilder und Behinderungen (Allergien, Asthma, Krebserkrankungen, Lern- und Verhaltensstörungen) sind heute vorherrschend. Nach wie vor sind aber viele Gesundheitsrisiken umweltassoziiert.

Ernährung und Trinkwasser

Über Nahrung und Trinkwasser werden wichtige Nährstoffe, aber auch potentiell enthaltene Schadstoffe aufgenommen. Auch Nahrungsmittelallergene sind bereits im Säuglingsalter gesundheitsrelevant.

Für einen Säugling ist die beste Ernährung die Muttermilch, denn sie ist auf die Bedürfnisse des Kindes optimal abgestimmt. Die allgemein empfohlene Stilldauer von mindestens 6 Monaten kann meist problemlos bis zu einem Jahr ausgedehnt werden. Wichtig ist, dass sich auch die Mutter gesund ernährt und keine Mangelerscheinungen entwickelt. Treten bei der Mutter Anzeichen wie Blässe, Müdigkeit, trockene Haut und Haarausfall auf, kann es sinnvoll sein, früher mit dem Zufüttern zu beginnen, obwohl diese Phase oftmals kritisch ist. Erste Reaktionen wie Hautausschläge oder Verdauungsprobleme können auftreten.

Bei der Umstellung der Ernährung von der Muttermilch auf Beikost bzw. feste Nahrung bekommen die Kinder häufig zu schwer verdaubare Nahrung bzw. falsche Lebensmittel. Dadurch ist ihr noch unreifer Verdauungstrakt überfordert. Den Problemen begegnet man am besten, indem man auf die Auswahl der Lebensmittel achtet, durch Kochen, Dünsten und entsprechende breiige Zubereitungen die Allergene in der Nahrung reduziert bzw. durch die Gabe von Darmbakterien-Präparaten die gesunde Darmflora unterstützt.
Wichtig ist auch, dass Kinder genug zu trinken bekommen, da der kindliche Organismus aus nahezu 80 % Wasser besteht. Vorsicht ist bei Fertigprodukten wie Kindertees und Fruchtsäften geboten, da diese meist hohe Konzentrationen an Zucker enthalten, der einerseits die Bauchspeicheldrüse belastet (Gefahr von Zuckerkrankheit und Übergewicht) und andererseits sich negativ auf die Entwicklung der Zähne auswirken kann. Auch Schadstoffe im Wasser wie Blei (in manchen Altbauwohnungen gibt es noch Bleirohre) oder Nitrate (durch Rückstände von Düngemitteln im Grundwasser) können sich negativ auf Säuglinge und Kleinkinder auswirken. Nach der Stillphase nehmen Säuglinge bezogen auf ihr Körpergewicht bis zu fünfmal mehr Trinkwasser auf als Erwachsene. Eine gute Qualität des Trinkwassers ist daher besonders wichtig und wird durch die Trinkwasserverordnung mit Grenzwerten für verschiedene Schadstoffe geregelt.

Mouthing

Aber nicht nur Nahrung landet im Mund. Im Krabbelalter nimmt ein Kleinkind über entwicklungsbedingte Hand-zu-Mund-Expositionen (Mouthing) auch kleine Mengen an Erde, Staub und allen darin gebundenen Umweltschadstoffen (z. B. Pestizide oder Blei) sowie Viren oder Bakterien auf.

Luft

Das Atemvolumen eines Säuglings ist etwa doppelt so hoch wie beim Erwachsenen. Damit verbunden ist eine höhere Aufnahme von Luftschadstoffen – zunächst vor allem jene der Innenraumluft, mit zunehmendem Alter und Aktionsradius auch jene der Außenluft. Chronischer Husten bei Säuglingen und Klein-

kindern ist nicht immer durch Infektionen bedingt, sondern kann auch durch Umweltfaktoren ausgelöst werden.
Eine immer noch häufige Umweltnoxe im Säuglingsalter stellt das elterliche Rauchen dar. Passivrauchen ist ein wesentlicher Risikofaktor für die Entstehung von Asthma, Allergien und plötzlichem Kindstod.
Reizend, vor allem auf die Atemwege, wirken auch flüchtige organische Verbindungen, wie sie bei Renovierungsarbeiten im Zusammenhang mit der Geburt eines Kindes häufig entstehen.
In der kalten Jahreszeit sind Räume oft überheizt und die Luft zu trocken, so dass die Schleimhäute der Atemwege austrocknen und anfällig werden. Regelmäßige Lüftung verhindert überhöhte Temperatur, die Anreicherung von Schadstoffen und Feuchtigkeit und in der Folge die Vermehrung von Milben und Schimmelpilzen (= Allergene).
In Städten oder an stark befahrenen Straßen besteht die Gefahr, dass Kinder besonders hohe Schadstoffkonzentrationen einatmen. Kinderwägen befinden sich nämlich ungefähr in Auspuffhöhe und hier wurden die höchsten Abgaskonzentrationen gemessen. Außerdem entsteht unter Einwirkung von UV-Strahlen der Sonne bodennahes Ozon, welches besonders für die empfindlichen Schleimhäute von Säuglingen und Kleinkindern reizend und Husten auslösend ist.

Sonne

Das UV-Licht der Sonne aktiviert eine Vorstufe des Vitamin D in der Haut und das ist wichtig für die Mineralisierung und das Wachstum der Knochen und Zähne. Regelmäßige Spaziergänge in der frischen Luft sind daher eine einfache und wichtige Maßnahme für die Gesundheit von Säuglingen und Kleinkindern. Allerdings verträgt Kinderhaut speziell im ersten Lebensjahr keine Sonne, und Sonnenschutzmittel erst ab dem zweiten Lebensjahr.

Schutzmantel Haut

Grundsätzlich sollte eine gesunde Haut durch die Nahrung alles bekommen und von außen durch Salben und Cremen nichts zusätzlich brauchen. Ist die Haut zu trocken, ist das immer ein

Zeichen für einen Nährstoffmangel. Daher kann es bei trockener Haut sehr wohl notwendig sein, sie entsprechend zu pflegen und auch von außen mit Nährstoffen zu versorgen. Dabei gilt allerdings der Grundsatz „weniger ist mehr", d. h. man sollte das Kind nicht gewohnheitsmäßig von oben bis unten mit einer dicken Schicht Salbe „zukleistern", sondern ganz sparsam und gezielt vorgehen. Dabei gehören entzündete Hautstellen mit einer entzündungshemmenden Salbe, wunde Stellen mit einer Wundsalbe und trockene Stellen mit einer Pflegecreme behandelt. Hilfreich können auch Ölbäder sein, die nicht zu heiß und nicht zu oft gemacht werden sollten.

Neurodermitis

Fast jede Hautveränderung bei Säuglingen oder Kleinkindern wird heutzutage als Neurodermitis diagnostiziert, dabei handelt es sich meist um relativ harmlose Reaktionen auf äußere Umwelteinflüsse. Die Diagnose bringt dann oft erst eine Spirale von Ängsten und drastischen Maßnahmen in Gang, die zu einer Verschlechterung und Chronifizierung der Beschwerden führt. Je früher man die richtige Diagnose stellt und behandelt, desto größer ist die Wahrscheinlichkeit einer vollständigen Heilung.

Selbstheilkräfte

Wir wissen aus Erfahrung, dass 50 % der betroffenen Kinder mehr oder weniger von selber gesund werden. Das war der Anlass für einen Kinderarzt aus Deutschland, ein Buch mit dem Titel „Neurodermitis ist heilbar" zu schreiben. Er schreibt darin: „Wenn die Natur es schafft, 50 % der Kinder gesund zu bekommen, dann sollten wir Ärzte es schaffen, den restlichen 50 % auch zu helfen, indem wir einfach die Natur nachahmen und die Selbstheilungskräfte der Kinder stärken und fördern."

Orientierung an Gesundheit

Das ist ein generelles Prinzip, das auch für andere Krankheitszustände Geltung hat und zum Beispiel von der TCM (Traditionellen Chinesischen Medizin) in den Mittelpunkt ihres Denkens gestellt wird. Wie jede Dunkelheit verschwindet, wenn ich ein Licht entzünde, verschwindet jede Krankheit, wenn ich Gesundheit schaffe. Sich nicht an den Krankheiten und ihren angstvollen

Bildern zu orientieren, sondern an der Gesundheit und an den Selbstheilungskräften, ist die Forderung unserer Zeit.
Auch Krankheiten können durchaus positiv gesehen werden und Symptome wie z. B. Fieber sind zuerst einmal der Versuch des Körpers, wieder gesund zu werden. Erst wenn die Heilung nicht gelingt oder aus falscher Behandlung entstehen chronische Krankheitsbilder. Kinder reagieren oft sehr schnell und sehr heftig auf störende Einflüsse. Sie haben aber auch ein großes Selbstheilungspotential und können bei akuten Erkrankungen auch wieder rasch gesund werden. Ziel jeder Behandlung sollte es sein, diese Selbstheilungskräfte zu unterstützen und nicht nur die Symptome zu unterdrücken.

Orientierung am Individuum

Erfahrungsgemäß spielen bei einem Drittel der von Hautproblemen betroffenen Kinder Umweltfaktoren wie Waschmittel, Kosmetika, Inhaltsstoffe von Kleidungstücken, Zusatzstoffe in Nahrungsmitteln etc. die Hauptrolle. Bei einem anderen Drittel stehen Nahrungsmittelallergien bzw. -unverträglichkeiten im Vordergrund, und beim letzten Drittel sind es in erster Linie psychische Probleme und Ängste. Für dasselbe Erscheinungsbild kann es also unterschiedliche Hintergründe geben. Letztlich steht hinter jeder Erkrankung ein Individuum, das unverwechselbare Eigenschaften hat und daher auch eine individuelle Betreuung braucht.

Tipps

Hilfe beanspruchen

Scheuen Sie sich nicht, frühzeitig Hilfe zu suchen, wenn Sie sich überfordert fühlen. Viele Erwachsene halten mit dem eigenen Kind das erste Mal in ihrem Leben ein Baby auf dem Arm. Überforderung ist keine Seltenheit. Zahlreiche Beratungsstellen, Kinderschutzzentren und Schreiambulanzen (z. B. an Universitäts- und Kinderkliniken) bieten ihre Unterstützung an.

Stillen

- Stillen Sie Ihr Kind so lange wie möglich! Achten Sie dabei auf Ihre eigene Ernährung (vermeidbare Fremdstoffe Nikotin und Alkohol).

Hygiene

- Achten Sie bei familiärer Vorbelastung bezüglich Allergien allgemein auf Allergenreduktion: hypoallergene Säuglingsnahrung, wenn nicht gestillt wird; Milbencover (Encasing) für die Matratze, wischbare Bodenbeläge, keine Teppiche, trockene Wohnung, große Möbel an Außenwänden vermeiden (Schimmelbildung).
- Achten Sie auf Hygiene – aber: ein steriles Wohnumfeld beeinträchtigt die gesunde Entwicklung, weil das Immunsystem nicht trainiert wird.

Frische Luft

- Lüften Sie regelmäßig!
- Vermeiden Sie Passivrauchbelastung für Ihr Kind, wo immer Sie Einfluss darauf haben!
- Lassen Sie Säuglinge im ersten Lebensjahr nicht in frisch renovierten Räumen schlafen! (Gleiches gilt für Schwangere.)
- Spaziergänge an der frischen Luft sind wichtig. Ebenso wichtig ist dabei aber Sonnenschutz durch entsprechende Kleidung bzw. Schatten.

Vor allem aber gilt: Lassen Sie Ihr Kind mit Liebe, Geborgenheit und Furchtlosigkeit aufwachsen! Angst ist einer der wesentlichen Krankheitsfaktoren unserer Zeit. Sie bewirkt nämlich oft genau das, wovor wir Angst haben („sich selbst erfüllende Prophezeiungen"). Die besten Heilmittel gegen Angst sind bedingungsloser Glaube an das Leben und die Hoffnung, dass alles im Leben einen Sinn und seine Richtigkeit hat. Paracelsus hat gesagt: „Der Heilmittel Größtes ist die Liebe." Umgekehrt ist Lieblosigkeit die größte Krankheitsursache. Jeder braucht Liebe und wir können ohne sie nicht leben und besonders nicht unsere Kinder. Daher sind für ihr gesundes Aufwachsen ein liebevolles Umfeld und Geborgenheit von entscheidender Bedeutung. Dabei geht es aber nicht nur darum, geliebt zu werden, sondern auch selber zu lieben. Kindern und besonders Einzelkindern, die in unserer heutigen Zeit immer häufiger werden, können Haustiere helfen, eine liebevolle Einstellung zu ihren Mitgeschöpfen und zu ihren Nächsten zu entwickeln.

Leopold Spindelberger

DR. MED. LEOPOLD SPINDELBERGER, Praktischer Arzt und Arzt für Arbeits-, Umwelt- und Ernährungsmedizin; Ausbildungen in Traditioneller Chinesischer Medizin, Akupunktur, Homöopathie und Logotherapie nach Viktor Frankl; ärztlicher Leiter des Gesundheitszentrums Habsburgergasse sowie der Shambhala REIKI Schule.

Kontakt:
Dr. med. Leopold Spindelberger
Habsburgergasse 10
1010 Wien
Tel.: +43 699 130 206 37
E-Mail: dr.spindelberger@aon.at

WEITERFÜHRENDE LITERATUR & LINKS

Mansel, J. (Hrsg.) (1996). Glückliche Kindheit – schwierige Zeit? Über die veränderten Bedingungen des Aufwachsens. Leske + Budrich, Opladen.

Petri, H. (1992). Umweltzerstörung und die seelische Entwicklung unserer Kinder. Kreuz, Stuttgart.

Straff, W. (2004). Was ist bei Kindern anders als bei Erwachsenen? Umweltbedingte Gesundheitsrisiken. Umweltbundesamt, Berlin.

Ärztinnen und Ärzte für eine gesunde Umwelt (Hrsg.) (2007). Kinder – Umwelt & Gesundheit. Broschüre, erhältlich bei Ärztinnen und Ärzte für eine gesunde Umwelt, Große Mohrengasse 39/6, 1020 Wien (Tel.: +43 1 4277 64722, E-Mail: aegu.wien@blackbox.net).

www.allum.de (Informationen über Allergien und Umweltschadstoffe)
www.aefu.ch (Homepage der Schweizer Organisation „Ärztinnen und Ärzte für Umweltschutz")
www.goeg.at (Gesundheit Österreich GmbH, nationales Forschungs- und Planungsinstitut für das Gesundheitswesen)
www.gesund.co.at (umfassendes österreichisches Gesundheitsportal)
www.kindergesundheit.de (deutsche Stiftung für Kindergesundheit)
http://www.babynet.at/tipps/adressen.shtml (Adressen diverser Beratungseinrichtungen für Eltern)
www.selbsthilfe.at (Online-Plattform österreichischer Selbsthilfe-Organisationen)
http://science.orf.at/science/news/68007 (Artikel zum Tabuthema Schütteltrauma)
http://www.kinderschutzbund-sh.de/kinderschutzbund/aktion_baby.htm (deutsche Präventionskampagne „Vorsicht, zerbrechlich" zur Vermeidung von Schütteltraumata bei Kleinkindern, mit Faltblatt für Eltern zum Download)
www.kinderschutz.at (Initiative für gewaltlose Erziehung)
www.missbraucht.de (deutsche Initiative gegen Kindesmissbrauch)

07

Bewegung ist Freiheit

Sport und Freiräume als Lebens-Mittel für Kinder

(Stefanie Hollweger)

„Die kleinste Bewegung ist für die ganze Natur von Bedeutung; das ganze Meer verändert sich, wenn ein Stein hineingeworfen wird."

(Jiddu Krishnamurti, 1895–1986, indischer Brahmane, Autor und spiritueller Lehrer, „Das Licht in dir")

Alles ist in ständiger Bewegung: Die Erde selbst bewegt sich, der Mensch, die Wissenschaften, die Technik. Bewegung bezeichnet allgemein zunächst einen Zustand jenseits der Ruhe. Bewegung steht für Dynamik, für körperliche, aber auch emotionale Aktivität („bewegt" sein). Auch Lernen ist Bewegung. Babys und Kinder lernen in erster Linie durch Wahrnehmung und Bewegung. Schauend, krabbelnd, laufend und spielend erobern sich Kinder ihre Welt. Bewegung ist Ausdruck von Lebensfreude. Was aber, wenn ihr nicht genug Raum gegeben wird?

Worum es geht

Kinder brauchen Bewegung. – Nicht nur für ihre körperliche Entwicklung, sondern auch und ganz besonders für ihre geistige, emotionale und vor allem soziale Entwicklung. Sich zu bewegen, gemeinsam mit Freunden Spiele zu erfinden oder nach der Schule einfach herumzutollen, war noch vor 20 Jahren für Kinder eine Selbstverständlichkeit. Heutzutage verläuft zwar die Entwicklung technischer Errungenschaften immer schneller, die Qualität und Quantität der Bewegungszeit unserer Kinder hingegen nehmen rasant ab.

Bewegungsmangel – mehr als nur ein Gesundheitsrisiko

Immer häufiger sind deshalb Unfälle von Kindern durch mangelnde Bewegungsfähigkeit bedingt. Denn für die Bewegung gilt, was für alles Erlernte gilt: man kann es auch verlernen. Und was nicht von klein auf trainiert wird, erlernt man erst gar nicht richtig. Von entscheidender Bedeutung ist, dass der natürliche Bewegungsdrang des Kindes nicht eingeschränkt wird, sei es aus Angst vor Kratzern oder durch die eigene Bequemlichkeit, denn Bewegungsmangel hat nicht nur physiologische Folgen. Eltern stehen vor der Herausforderung, ausreichend Bewegungsanreize in den Lebensalltag zu integrieren und das eigene Wohnumfeld als kindlichen Bewegungsraum zu gestalten.

Couchpotatoes. Ein kleines Zahlenspiel

Österreichs SchülerInnen gehen mindestens neun Jahre zur Schule. Volksschulkinder verbringen im Durchschnitt dabei jeden Tag vier Stunden sitzend in der Klasse. Zu Hause kommt dann noch die Zeit für die Hausaufgaben dazu. In vier Jahren verbringen VolksschülerInnen so etwa 3200 Stunden auf der Schulbank. SchülerInnen der Unterstufe kommen in vier Jahren sogar auf etwa 4800 „Sitzstunden". Das alles wäre nicht so schlimm, würden sich Österreichs Kinder nicht immer mehr zu sog. „Couch-potatoes" entwickeln. Musik hören, Fernsehen und Videos ansehen sind die beliebtesten Freizeitbeschäftigungen unserer Jugend. Sport treiben und Aktivitäten im Freien liegen an hinterer Stelle. Diese Zahlen und Ergebnisse sollten uns zu denken geben.

Fachliche Hintergründe

Bewegungsmangel – physiologische Folgen

Eine Untersuchung an einem österreichischen Gymnasium ergab folgende Situation: Bei fast 50 % der Kinder liegt eine muskuläre Funktionsstörung vor. Jeder zweite Schüler weist ein muskuläres Defizit auf. Auch durch Übergewicht ist der Organismus bei vielen Kindern und Jugendlichen starken Belastungen ausgesetzt. Die Folgen von Bewegungsmangel können vielfältig sein:

- geschwächte Muskulatur (Das Tragen der Schultasche ist für viele Kinder schon eine große Herausforderung. Laut Orthopäden sollte das Gewicht der Schultasche nicht mehr als 10 % des Körpergewichts betragen!)
- Überlastungsschäden in den Gelenken
- Stoffwechselerkrankungen (Sehr viele Kinder leiden als Folge von Übergewicht an Diabetes!)
- Bluthochdruck und Herz-Kreislauf Erkrankungen

Psychosoziale Aspekte

Bewegungsarmut hat aber nicht nur physiologische Folgen, sondern auch die soziale Komponente spielt hierbei eine wichtige

Rolle. Durch eine verminderte Koordinationsfähigkeit kommt es häufiger zu Unfällen und dadurch entwickeln die Kinder weniger Selbstwertgefühl. Selbst bei kleinen Stürzen kommt es häufig schon zu Verletzungen. Ein Teufelskreis. Die Kinder trauen sich noch weniger zu und sind deshalb wiederum häufig von Spielgemeinschaften ausgeschlossen.

Stubenhocken als Lebensstil

Die Lebenssituation von Kindern hat sich aufgrund gesellschaftlicher Veränderungen (Lebensstilveränderung) entscheidend gewandelt: Kinder finden immer weniger Spiel- und Handlungsfreiräume vor, wo sie ungehindert ihre Bedürfnisse ausleben können. Der öffentliche Raum wird immer mehr vom Ausbau des Verkehrsnetzes, dem Bau von Wohnsiedlungen und kommerziell genutzten Flächen eingeschränkt.
Aber auch die Eltern spielen bei der Beschränkung des Bewegungsspielraums eine entscheidende Rolle. Die Kindheit vieler Heranwachsenden ist zunehmend schon „verplant" (z. B. durch die Hobbys der Eltern). Die Eltern versuchen heutzutage vermehrt, die Kinder in ihren Lebensrhythmus einzubinden, möglicherweise geht dadurch ein Stück Kindheit und Kreativität verloren.
Kinder haben weniger Spielkameraden als noch ein, zwei Generationen zuvor und beschäftigen sich meist statisch passiv mit den multimedialen Angeboten der Spielehersteller (Videos, Computerspiele, Spielkonsole etc.). Die Kinder sind körperlich weniger aktiv und werden mit den pausenlosen optischen und akustischen Reizen der heutigen Kommunikationsgesellschaft maßlos überflutet. Kinder entwickeln sich zu Stubenhockern, wie die anfangs zitierte Studie beweist.

Bewegungsförderung

Kinder haben ein natürliches Grundbedürfnis nach Bewegung, auch nach gezielter Bewegung mit Steigerungseffekten. Durch überbehütende Eltern werden Kinder in ihrem Bewegungsdrang aufgehalten und verunsichert. Schon Vierjährige brauchen Zeit und Raum für sich und mit dem Alter nimmt dieses Autonomiebedürfnis zu. Im Allgemeinen sollten die Grundbedürfnisse der Kinder wie Laufen, Springen, Hüpfen, Drehen, Schleudern,

Balancieren, Schaukeln und Schwingen gefördert werden. Die Förderung ab der Geburt erweist sich als sinnvoll, da Kinder mit dem körperlichen Wachstum in ihrem Bewegungsanspruch wachsen können und auch wollen.

Babyschwimmen

Kinder sind mit einem Reichtum an Reflexen ausgestattet, wenn sie zur Welt kommen. Schon im Mutterleib verfügt ein Baby über einen sog. „Atemschutzreflex". Dieser verhindert, dass Wasser in die Lunge eintritt. Babys können deshalb schon ab der Geburt mit dem Element Wasser vertraut gemacht werden. Im Wasser ist es Neugeborenen möglich, sich eigenständig zu bewegen und auch Bewegungen selbstständig ausführen, die ihnen an Land noch nicht möglich wären. Kinder, die ihre ersten Erfahrungen beim „Babyschwimmen" machen, können sich häufig bereits im Alter von zwei Jahren ohne Schwimmhilfe über Wasser halten. Wird Babyschwimmen über einen längeren Zeitraum durchgeführt, entstehen viele positive Effekte für das Kind:

- Kräftigung der Muskulatur und Atemwege
- Anregung des Kreislaufs
- Vergrößerung des Aktionsradius
- Training des Gleichgewichts
- Schulung des Selbstvertrauens
- Vertrautheit mit dem Wasser und frühes Schwimmenlernen

Motopädagogik: Erziehung durch Bewegung

Die Motopädagogik setzt sich aus den beiden Begriffen Motorik (Bewegung) und Pädagogik (Erziehung) zusammen und bedeutet somit Erziehung durch Bewegung. In motopädagogischen Stunden haben bereits Kleinkinder die Möglichkeit, gewisse Bewegungen zu erproben und zu erlernen. Bewegungsabläufe werden in immer neuen Situationen wiederholt. Nur durch bewusste Erlebnisse sammelt der Mensch Erfahrungen und diese helfen ihm in seiner weiteren Entwicklung. Die Kinder gestalten in der Stunde ihre Bewegungs- und Spielanlässe selbst. Dazu nützen sie bereits gemachte Erfahrungen, variieren diese dann und erweitern somit ihr Handlungs- und Bewegungsfeld.

Tipps

Bewegung fängt nicht erst beim Sport an. Es geht vielmehr darum, Bewegung in den Alltag zu integrieren und so Aktivität, Tatendrang, Neugier und Kreativität zu entfalten und zu erhalten. Die folgenden Hinweise sollen Sie dabei unterstützen:

- Fördern Sie den natürlichen Bewegungsdrang Ihres Kindes von Geburt an!

Vereine

- Unterstützen Sie den mit dem Wachstum steigenden Bewegungsanspruch Ihres Kindes! Kompetente Ansprechpartner wie Turn- und Sportvereine, Volkshochschulen, Stadtgemeinden und ähnliche Institutionen haben dazu ein breites Angebot.

Bewegung im Alltag

- Schaffen Sie Bewegungsraum in Ihrem Wohnumwelt und Lebensalltag!
- Nutzen Sie den Schulweg als eine hervorragende Möglichkeit, körperliche Bewegung in den Lebensalltag von Kindern zu integrieren!
- Lassen Sie gemeinsame Spaziergänge mit der Familie zur Gewohnheit werden!
- Integrieren Sie Bewegungsspiele in den Alltag Ihres Kindes!

Spielplatz besuchen

- Regelmäßige Spielplatzbesuche bieten nicht nur die Möglichkeit zum Herumtollen, v. a. wenn dafür in der eigenen Wohnung der Platz fehlt, sondern ermöglichen auch soziale Kontakte – für Eltern und Kind!

Schlussendlich sei betont, dass wir – bevor wir Kinder zur Bewegung bringen und sie dafür begeistern wollen – letztlich selbst davon überzeugt sein sollten, wie wichtig es ist, ein „bewegtes" Leben zu führen, und dieses auch vorleben.

Stefanie Hollweger

MAG.[A] STEFANIE HOLLWEGER studierte Sportwissenschaft (Prävention und Rekreation) und arbeitet in der Sporttherapie in der Klinik Pirawarth (Rehab-Zentrum für Neuro- und Orthoerkrankungen). Sie ist Mutter zweier Kinder, begeisterte Sportlerin und versucht, die Begeisterung für die Bewegung an ihr Umfeld weiterzugeben.

WEITERFÜHRENDE LITERATUR & LINKS

Stummer, B. (2006). Rhythmisch-musikalische Erziehung. Bewegung erklingt – Musik bewegt. Wien: Manz Verlag Schulbuch GmbH (289 Seiten + Audio-CD mit 26 Musikstücken, Infos und Bestellung unter http://www.rhythmik-buch.at/rhythmik_buch.php)

Teusen, G. (1994). Kinderturnen macht Spaß – Gesund und fit durch die ersten sechs Jahre. Beltz Verlag.

Ried, B. (1996). Eltern-Turnen mit den Kleinsten: Anleitungen und Anregungen zur Bewegungsförderung mit Kindern von 1 bis 4 Jahren. Ökotopia Verlag.

http://gesundesleben.at/eltern/spielen-lernen/so-erweitern-kinder-ihren-bewegungs-spielraum (allgemeine Infos zum Thema)

http://www.austrianbabyswim.at (Babyschwimmen in Österreich)

http://www.vhs.at/Welcome.do (Bewegungsangebote der Volkshochschule)

http://www.motopaedagogik.at/ (Kleinkindturnen)

http://www.wienxtra.at/kinderinfo/pdf/Liste_Turnen.pdf (laufend aktualisierte Bewegungs- und Sportangebote für Kinder in Wien ab 1 Jahr, samt Kontaktadressen)

http://www.ugotchi.at/ (Österreichische Bewegungsinitiative der Sportunion für Kinder)

08

Das schmeckt!

Ernährung im Säuglings- und Kleinkindalter

(Christine Judt)

„Wer sein Feld bestellt, wird satt von Brot,
wer nichtigen Dingen nachjagt, ist ohne Verstand.“

(Sprüche 12,11)

Nahrung ist Mittel zum Leben. Sie sorgt für Genuss. Sogar von der Liebe sagt man, sie gehe durch den Magen. Aber Ernährung ist noch viel mehr. Nach der Mobilität stellt Ernährung eines der wichtigsten Handlungsfelder dar, in dem private Entscheidungen unmittelbar umweltrelevant sind. Beginnend bei der Landwirtschaft, über die Lebensmittelindustrie und den Handel, bis hin zu den Verbrauchern trägt der Lebensmittelsektor, allen voran die Tier- bzw. Fleischproduktion, wesentlich zur Emission von Treibhausgasen bei. Was wir essen, wirkt sich also nicht nur auf die Gesundheit, sondern auch auf unsere Umwelt und das Klima aus. Täglich treffen wir beim Essen klimarelevante Entscheidungen. Dabei ist angemessene Nahrung keine Selbstverständlichkeit. Immer noch (und in Europa wieder) hungern Menschen. Da gibt es jene, denen das tägliche Brot zu teuer geworden ist, und jene, welche das Verständnis um und jeden natürlichen Bezug zur Nahrung verloren haben. Gleichzeitig – und im krassen Gegensatz zum Schlankheitswahn – führen billige, kalorienhaltige Nahungsmittel und falsches Essverhalten zu einer Epidemie von (auch krankhaftem) Übergewicht. Um so wichtiger ist es, Ernährung als Thema ernst zu nehmen und Kindern von Beginn an Bedeutung, Sinn und Unsinn der Lebensmittel zu vermitteln.

Worum es geht

Nahrungsmittel und Ernährungsverhalten

Die richtige Ernährung ist Grundlage für Wachstum, Entwicklung und Gesundheit des Kindes. Dabei spielen nicht nur ernährungsphysiologische Aspekte eine Rolle, sondern auch das Ernährungsverhalten. Letzteres wird häufig schon im Säuglings- und Kleinkindalter geprägt – ein Umstand, der den Eltern meist nicht bewusst ist. Ernährung ist deshalb ein wichtiger Punkt in der Erziehung. Dieses Kapitel soll Ihnen als Information und Hilfestellung für die Ernährung Ihres Kindes dienen.

Fachliche Hintergründe

Fakten zur Ernährung*

- Zur Produktion einer tierischen kcal werden 7 pflanzliche kcal benötigt.
- 1 kg konventionell hergestellte Butter verursacht ca. 31-mal mehr klimarelevante Treibhausgasemissionen als 1 kg pflanzlicher Lebensmittel.
- Durch den generellen Umstieg auf Lebensmittel aus ökologischem Anbau könnten 30 bis 50 % der durch die Lebensmittelproduktion verursachten Emissionen eingespart werden.
- Der Verzehr von saisonalem Gemüse aus dem Treibhaus erhöht die Emissionen signifikant, bei Tomaten z. B. um das 16fache.
- Jedes Jahr werden in der Fischerei 300.000 Delphine, 100 Mio. Haie und tausend andere Tiere als Beifang getötet, ohne zu unserer Ernährung beizutragen.

Problematik und Situation heute

So genannte Zivilisationskrankheiten wie Übergewicht, Diabetes mellitus, physiologische Störungen etc. werden schon seit Längerem mit einer falschen Ernährung in Zusammenhang gebracht. Diese Krankheiten werden oft erst im Erwachsenenalter klinisch relevant, die Ursache liegt aber meist schon in den fehlerhaften Ernährungsgewohnheiten im Kindesalter. Denn Übergewicht in der Kindheit bedeutet meist auch Übergewicht im Erwachsenenalter und erhöht das Risiko für Stoffwechsel- und Herz-Kreislauf-Erkrankungen.

Der Österreichische Ernährungsbericht zeigt auf, dass die Rate an adipösen (= krankhaft fettleibigen) Kindern immer noch zunimmt.** Rund 10 % der 3- bis 6-Jährigen sind übergewichtig, weitere 4 bis 5 % adipös. Das Ernährungsverhalten unserer Kinder ähnelt bereits dem der Erwachsenen. Sie nehmen zu viel an tie-

* Vgl. www.umweltberatung.at

** Zahlen aus: Österreichischer Ernährungsbericht 2003. Herausgegeben vom Institut für Ernährungswissenschaften der Universität Wien, Univ.-Prof. Dr. I. Elmadfa.

rischem Fett und Eiweiß, zu viel Zucker und zu wenig Ballaststoffe auf. Sowohl die Lebensmittelauswahl als auch ihre Qualität sind verbesserungswürdig! Positiv zu verzeichnen ist der Anstieg der Anfangsstillrate von 65 % auf 95 % zwischen 1976 und 2004. Einen erheblichen Teil dazu haben sicherlich zahlreiche Aufklärungskampagnen, wie z. B. die Stillempfehlungen der WHO, beigetragen.

Ernährung im Säuglingsalter

In den letzten Jahren wurde die Komplexität und Zusammensetzung der Muttermilch gründlich erforscht. Über 3000 Studien bestätigen die positiven Aspekte des Stillens bzw. der Muttermilch: Muttermilch ist ökonomisch und ökologisch, in ihrer Zusammensetzung perfekt und steril. Sie fördert die Verdauung und den Aufbau der Darmflora und wirkt sich positiv auf den Cholesterinstoffwechsel aus. Das Stillen hat große Bedeutung für das Immunsystem. Es ist wichtig für die Entwicklung des Sehvermögens, als Schutz vor Allergien und vor Zahnfehlstellungen, beugt Überernährung vor und senkt das Krebsrisiko der Mutter. Stillen fördert die psychische und kognitive Entwicklung des Kindes und ist wichtig für die Mutter-Kind-Beziehung. Aus diesen und vielen anderen Gründen lautet die Ernährungsempfehlung von ExpertInnen, die auch von der WHO vertreten wird: 6 Monate ausschließliches Stillen und eine Gesamtstillperiode von 1 bis 2 Jahren!
Auch die Stilldauer spielt eine Rolle. In den ersten 10 Minuten ist die Milch noch dünn, arm an Eiweiß und Fett und dient hauptsächlich der Flüssigkeitsversorgung. Danach bekommt die Milch sämigen Charakter, wird fetter und dient zur Energieversorgung. Zwischen den Stillperioden sollten mindestens 2 Stunden liegen.

Nährstoff- und Energiebedarf stillender Mütter

Die Zusammensetzung der Muttermilch wird bei einigen Nährstoffen durch den Ernährungszustand der Mutter beeinflusst. Eine mangelhafte Versorgung während der Stillzeit beeinflusst somit auch die Versorgung des gestillten Kindes. Bei mangelhafter Zufuhr werden körpereigene Reserven der Mutter abgebaut. Die in den Fettreserven gespeicherten Schadstoffe können in die Muttermilch gelangen und werden dann vom Säugling aufgenommen. Deshalb sollten mögliche Auswirkungen von Umweltbelastungen auf die Muttermilch unbedingt beachtet werden! Vorsicht ist insbesondere geboten bei Infektionskrankheiten der Mutter sowie bei der Einnahme von Medikamenten und Genussmitteln. Achten Sie bei sich selbst auf ausreichende Calcium-Zufuhr und auf Anzeichen von Milchstau bzw. Mastitis.

Ernährung im ersten Lebensjahr

Ab dem 5. Lebensmonat kann schön langsam mit Beikost begonnen werden. Unter Beikost werden alle Lebensmittel außer Muttermilch, Säuglingsanfangsnahrung und Folgenahrung verstanden, die im Laufe des ersten Lebensjahres in die Ernährung des Säuglings eingeführt werden. Dazu zählen z. B. Mahlzeiten mit Gemüse, Milchbrei, Obst, Getreide etc. Worauf ist bei Beikost zu achten? Eine zu frühe Beikostfütterung erhöht das Allergierisiko unnötig und durch eine zu hohe Energiezufuhr kann es zu Übergewicht kommen. Außerdem kann eine adäquate Calciumversorgung gefährdet sein. Durch unerwünschte Zusätze, Kochsalz und erhöhter Kristallzuckerzufuhr kann es zu einer zu frühen Gewöhnung an diese Geschmacksrichtungen kommen. Deshalb sollte man bei der Einführung der Beikost vorsichtig sein und langsam beginnen. Das heißt, zuerst nur ein Lebensmittel (z. B. Frühkarotten) zufüttern und danach langsam andere Lebensmittel hinzufügen, bis das Baby alles verträgt. Tabelle 1 gibt einen Überblick über die Nährstoff- und Energiezufuhr pro Tag.

Richtwerte für eine angemessene Nährstoff- und Energiezufuhr pro Tag (Quelle: DGE, 2000*)

Nährstoff	0 bis 4 Monate	4 bis 12 Monate
Energie (kcal) m/w	500/450	700/700
Fett (Energie %)	45 – 50	34 – 45
Kohlenhydrate (Energie %)	45	45–50
Gesamtwasser (ml)	680	1000
Fluorid (mg)	0,25	0,5

* Deutsche Gesellschaft für Ernährung (2000). Referenzwerte für die Nährstoffzufuhr. Umschau/Braus, Frankfurt/Main.

Der Ernährungsplan des Forschungsinstituts für Kinderernährung Dortmund (FKE) gibt Ihnen einen Überblick über die Nahrung, die ein Baby im 1. Lebensjahr braucht (siehe Abbildung). Diese Orientierungshilfe lässt Ihnen und Ihrem Kind genügend Spielraum für individuelle Bedürfnisse. Denn auch ein Baby hat schon seinen eigenen Kopf und isst nicht immer das, was die Eltern gerne hätten.

Ernährungsplan für das 1. Lebensjahr
(Quelle: Forschungsinstitut für Kinderernährung*)

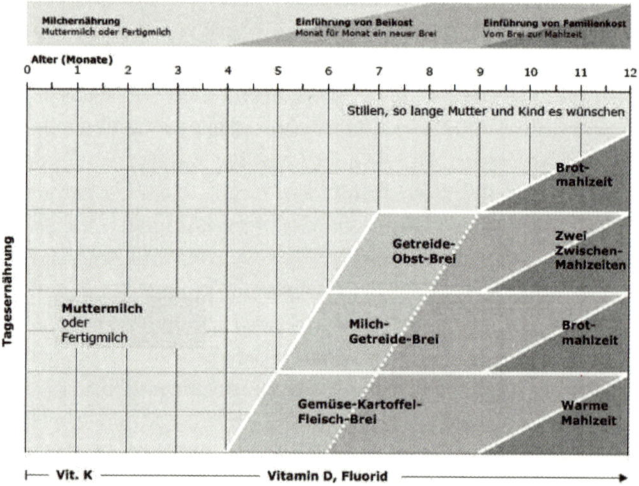

* http://www.fke-do.de/content.php?seite=seiten/inhalt.php&details=60 [Stand: 8.10.2008]

Das Richtige zum richtigen Zeitpunkt

Jedes Lebensmittel ist zu einem bestimmten Zeitpunkt wichtig für eine optimale Nährstoffversorgung Ihres Kindes. Anfangs eignet sich am besten ein Gemüse-Kartoffel-Fleisch-Brei. Er ist relativ protein- und fettreich und enthält erstmals Ballaststoffe. Ab dem 6. Monat kann dann ein Vollmilch-Getreide-Brei gefüttert werden. Dieser versorgt Ihr Kind mit Calcium, Vitamin B_2 und B_1, Proteinen, Kohlenhydraten und Jod. Zwischen dem 7. und 9. Monat kann dann ein milchfreier Getreide-Obst-Brei

zubereitet werden. Da er reich an Vitamin C ist, fördert er die Absorption von Eisen.
Ab Ende des 1. Lebensjahres kann die Nahrung dann langsam an die eines Erwachsenen angepasst werden. Aber vergessen Sie nicht: Kinder sind keine kleinen Erwachsenen, sondern haben ihre eigenen Bedürfnisse!

Ernährung im Kindesalter

In der Kindheit werden die Weichen für einen „gesunden" Lebensstil gestellt. Die optimierte Mischkost optimiX, ein Ernährungskonzept für Kinder und Jugendliche des FKE, gibt eine ausführliche Hilfestellung, damit Familien eine gesunde Ernährung in ihrem Alltagsleben umsetzen können. Ein kleiner Auszug der Empfehlungen für die Energiezufuhr: Sie soll zu 80 % über „empfohlene" Lebensmittel und zu 20 % über „geduldete" Lebensmittel erfolgen. Zur ersten Gruppe zählen unter anderem reichlich Getränke, Brot, Getreide, Nudeln, Gemüse, Reis, Obst, Kartoffeln. Mäßig konsumiert werden sollten Milch und Milchprodukte, Fleisch, Wurst, Fisch und Eier. Sparsam sollte man mit der Verwendung von Margarine, Öl und Butter sein. Unter „geduldete" Lebensmittel fallen dann Naschereien, Kuchen, Marmelade etc.

Kinderlebensmittel: Gesundes Naschen?

Zum Schluss noch ein kleiner Abstecher zum Thema „Kinderlebensmittel". Wie ein Test der Zeitschrift „Der Konsument" aufdeckte, sind diese speziellen Naschereien um nichts gesünder als ihre konventionellen Pendants. Die getesteten „Kinder"-Schokoriegel und Waffelschnitten bestanden im Schnitt aus 20 bis 40 % Fett und 30 bis 60 % Zucker. Auch die im Produktnamen angepriesene hohe Menge an Calcium wurde bei weitem nicht erreicht. Kinderlebensmittel enthalten oft jede Menge Zusatzstoffe wie Farb-, Aroma- und Konservierungsstoffe, Säuerungsmittel, Stabilisatoren etc. Das sind zwar keine Schadstoffe, doch gesundheitlich unbedenklich sind sie auch nicht immer.
Fazit: Ein „gesundes" Naschen gibt es leider nicht. Aber Süßigkeiten und Fast Food können – in vernünftigem Ausmaß – ruhig ihren Platz im Speiseplan der Kleinen haben. Wichtig ist es, den

Kindern den richtigen Umgang mit solchen Lebensmitteln beizubringen und auf eine vielfältige Ernährung hinzuweisen.

Tipps

Ein früher positiver Einfluss auf das Ernährungsverhalten von Kindern beeinflusst wesentlich die Ernährungsweise im späteren Lebensalter. Wichtig ist die Vorbildwirkung der Eltern und Erzieher, da Kinder am Modell lernen! Hier ein paar Ratschläge für eine gute Ernährungserziehung:

Selbstständigkeit

- Fördern und unterstützen Sie die Selbstständigkeit Ihres Kindes!
- Lassen Sie Ihr Kind, sobald es alt genug ist, am Einkauf teilnehmen, und beziehen Sie es auch bei der Zubereitung von Speisen mit ein!
- Vermitteln Sie Ihrem Kind ein sicheres Gefühl für die Lebensmittelmenge! Fragen Sie z. B. gezielt nach der Menge: „Willst du eine oder zwei Kartoffeln essen?“ oder lassen Sie das Kind sich selbst bedienen.
- Lernen Sie die Vielfalt an Lebensmitteln kennen und vermitteln Sie diese auch an Ihr Kind!

Gemeinsame Mahlzeiten

- Schaffen Sie eine gute Tischatmosphäre!
- Bringen Sie so oft wie möglich die ganze Familie zu den Mahlzeiten an einen Tisch!
- Sprechen Sie mit Ihrem Kind über die Bedeutung von Lebensmitteln und führen Sie es von Anfang an natürliche und nährstoffreiche Lebensmittel heran!

Positive Esserlebnisse

- Setzen Sie Lebensmittel nie als Erziehungsmittel ein! „Wenn du aufisst, ist es morgen schön“ kann die Basis zu verschiedenen Suchtformen sein!
- Lob für ein gutes Essverhalten ist dagegen durchaus erwünscht.

- Machen Sie Essen und Trinken zum „Erlebnis"!

- Nachhaltig und klimaschonend genießt Ihre Familie mit Mahlzeiten aus saisonalen, regionalen, biologischen, fair produzierten, frischen, möglichst niedrig verarbeiteten und unverpackten Lebensmitteln, mit einem hohen Anteil an pflanzlichen Produkten!

Regionale Lebensmittel

Ernährung ist wichtig. Sie versorgt uns mit Nährstoffen, sättigt und versorgt uns mit Energie. Es ist nicht egal, was wir essen und wie wir essen. In der Kindheit wird der Grundstein gelegt für ein angemessenes Ernährungsverhalten im späteren Leben, das Gesundheits- und Umweltaspekte gleichermaßen berücksichtigen kann.

Christine Judt

MAG.A CHRISTINE JUDT, Jahrgang 1982, absolvierte ein Diplomstudium der Ernährungswissenschaften und studiert derzeit auf der BOKU Wien (Master Agrar- und Ernährungswirtschaft); Praktikum bei FIAN (Food Information and Action Network).

WEITERFÜHRENDE LITERATUR & LINKS

www.lgl.bayern.de/gesundheit/doc/ernaehrungserziehung/07_buecher_allgemein.pdf (umfangreiche Auswahl an Büchern zum Thema Kinderernährung mit Bezugsquellen, z. B.

optimiX Kochbuch für Kinder, erhältlich im Online-Shop des FKE Forschungsinstituts für Kinderernährung, https://www.fke-shop.de/index.php# oder

Alexy, U., Kersting, M. (2007). optimiX– Empfehlungen für die Ernährung von Kindern und Jugendlichen, 5., überarbeitete Auflage – Heft, nur als Download erhältlich bei aid-Medienshop unter www.aid.de/shop/shop_detail.php?cat=1&id=2693

Hanreich, I. (2004). Essen und Trinken im Säuglingsalter. Informationskreis Kind und Ernährung (Tel.: +43 1 504 28 29-1, www.kinderkost.com)

von Cramm, D. (2007). Das große GU Kochbuch für Babys und Kleinkinder. Aktuellstes Wissen und mehr als 220 Rezepte für Mutter und Kind. 2. Auflage, Gräfe & Unzer.

Was hat Ernährung mit Klimaschutz zu tun? Broschüre, erhältlich bei „die umweltberatung", Tel.: +43 1 803 32 32

www.umweltberatung.at („die umweltberatung" bieten unter dem Thema Ernährung Informationen zu Lebensmittelqualität, Ernährungsökologie und Bioküche)

http://www.fke-do.de/index.php (wissenschaftlich fundiertes Ernährungskonzept „optimiX" des FKE – Forschungsinstituts für Kinderernährung)

www.informationskreis.org/ (Informationskreis Kind und Ernährung, wissenschaftlich fundiert, mit Elternhotline, dienstags und donnerstags unter Tel.: +43 1 504 28 29-3)

www.weltgesundheitstag.de/pdf/2005ExpertiseAlexy.pdf (Hintergrundinformation zur gesunden Ernährung in Familien mit kleinen Kindern)

www.greenpeace.at/beifang.html (Information zum sinnlosen Tod im Beifang der Fischerei)

www.tierschutz.de (Plattform Menschen für Tierrechte, informiert u. a. über Tiertransporte)

09

Die Handy-Generation

Zur Gefährdung von Kindern durch Elektrosmog

(Nina Oezelt, Michael Eckerstorfer)

„Die Faszination der modernen Technik steht im Gegensatz zu der Frage, welche möglichen gesundheitlichen Beeinträchtigungen der Fortschritt mit sich bringt."

(Bundesamt für Strahlenschutz, „Unterm Weihnachtsbaum strahlt es zu stark")

„Dingdong, dingdong, wer läutet an der Tür?“, sang eine österreichische Popgruppe vor einigen Jahren. Heute läutet es schon längst nicht mehr nur an der Tür. Das Klingeln der Handys ist allgegenwärtig. Das Handy hat den Hund als treuesten Begleiter des Menschen längst abgelöst. Während die Mobilfunktechnik einerseits verbindet, und zwar oft mehr und öfter, als uns lieb ist, isoliert sie gleichzeitig, weil immer weniger von Mensch zu Mensch kommuniziert wird.
Plärrende Handys, quäkende Babyphone und klingelnde Mikrowellengeräte sind nicht nur für die Ohren eine Belastung. Aus der Wissenschaft gibt es Hinweise auf Risiken zunehmender Funkstrahlenbelastung, von denen Kinder ganz besonders betroffen sein könnten. Die möglichen Risiken begründen einen vorsichtigen Umgang mit der Technologie. Die Politik reagiert mit Grenzwerten. Leider orientieren sich diese „politischen“ Grenzwerte nicht immer an den biologischen Gegebenheiten des menschlichen Körpers. Millionen verdienter Euro aus Mobilfunklizenzen sind Millionen Gründe für eine Unterlassung notwendiger Anpassungen der Grenzwerte. Technikeuphorie und Fortschrittshunger lassen Risiken nebensächlich, Risikoprüfungen unpraktikabel erscheinen. Hier wird die Ambivalenz jeder Technik deutlich: Man sieht allzu gern die erhofften Vorteile, und übersieht dabei die Nachteile.

Worum es geht

So schnell wie heutzutage ist die Nachricht von der Geburt einer neuen Erdenbürgerin noch nie weitergegeben worden: Solch gute Nachrichten erreichen Freunde und Verwandte sekundenschnell per Handy, SMS oder E-Mail. Gleichzeitig sorgen elektrischer Strom und Haushaltsgeräte dafür, dass Kinder und ihre Eltern helle Wohnungen, warmes Essen, sauberes Geschirr und Wäsche haben.

So unbestreitbar die Vorteile dieser Errungenschaften sind, kann ein unvernünftiger Umgang mit elektrischen (Funk-)Geräten auch unnötige Belastungen durch Felder und Funkstrahlung – Elektrosmog genannt – erzeugen.

Belastungen durch elektrische Felder und Funkstrahlung

Anders als ältere Menschen werden die Kinder des 21. Jahrhunderts dem E-Smog lebenslang ausgesetzt sein. Ein Grund mehr, als Eltern vorsichtig zu sein und seinen Kindern vermeidbare Belastungen zu ersparen. Über die Auswirkungen von schwachem Elektrosmog ist noch nicht viel bekannt; er könnte aber bei längerer Wirkdauer dem Wohlbefinden abträglich sein. Sicherheitshalber sollte er daher so weit es geht vermieden werden.

Fachliche Hintergründe

Warum Vorsicht bei Elektrosmog?

Neben der akuten Gefährlichkeit von elektrischem Strom durch Stromschläge sind aus der Arbeitsmedizin auch gefährliche Wirkungen von elektromagnetischen Feldern und elektromagnetischer Strahlung bekannt. Gesicherte Effekte treten bei großen Feldstärken in der unmittelbaren Nähe von starken Anlagen auf. Die geltenden Grenzwerte nehmen auf diese unbestrittenen Wirkungen Bezug und ihre Einhaltung schützt vor akuten Gefahren, wie z. B. der gefährlichen Erhitzung durch Mikrowellen bei Funkanlagen und Mikrowellenherden. Die verschiedenen Arten von Elektrosmog – elektrische Felder, elektrisch erzeugte magnetische Felder und hochfrequente elektromagnetische Strahlung – haben jeweils unterschiedliche Auswirkungen auf den menschlichen Körper.

Nicht eindeutig nachgewiesen ist die Harmlosigkeit von langfristig einwirkenden, schwachen elektromagnetischen Feldern, wie sie z. B. um Hochspannungsleitungen, Transformatoranlagen und Haushaltsgeräte herum auftreten. Menschen, die sich in der Nähe von Hochspannungsleitungen aufhalten, sind den Feldern mehr oder weniger unfreiwillig ausgesetzt. Innerhalb

von Wohnungen ist aber ein nennenswerter Teil der Belastungen selbst verursacht. Dem E-Smog von Haushaltsinstallationen und Haushaltsgeräten setzen wir uns freiwillig, wenn auch nicht immer bewusst, aus.

Elektrische Felder

Die Stärke von niederfrequenten (z. B. mit der Geschwindigkeit des Haushalts- oder Bahnstroms wechselnden) elektrischen Feldern ist abhängig von der elektrischen Spannung in Stromleitungen oder Installationen und wird in Volt pro Meter (V/m) angegeben. Elektrische Felder sind durch Metalle oder andere Baumaterialien leicht abzuschirmen und können in Wohnungen durch geeignete Leitungsführung (innerhalb der Wände unter Putz) bzw. die Abschaltung von Stromkreisen durch Netzfreischalter reduziert oder vermieden werden.

Magnetische Wechselfelder

Schwieriger ist es, Belastungen durch magnetische Wechselfelder zu vermeiden, die durch fließenden Strom in Abhängigkeit von der Stromstärke erzeugt werden. Das Maß für die magnetische Feldstärke ist Tesla (T). Da diese Felder die meisten Materialien (bis auf Spezialmetalle) durchdringen können, hilft hier nur das Abstandhalten bzw. das Abschalten der Quellen. Die Feldstärke sinkt wie bei elektrischen Feldern überproportional schnell mit steigendem Abstand (annähernd mit dem Quadrat der Entfernung). Für magnetische Wechselfelder von mehr als 0,3 MikroT, die allerdings nur in einer kleinen Zahl in Haushalten vorkommen, ist ein Zusammenhang mit einer leichten Zunahme bei Kinderleukämien nachgewiesen.

Elektromagnetische (Funk-)Strahlung

Elektromagnetische (Funk-)Strahlung geht von Sendern aus, die hochfrequente elektromagnetische Felder erzeugen, und breitet sich im Raum aus. Die Strahlungsstärke (technisch: Leistungsflussdichte in Watt/m^2) ist abhängig von der Sendeleistung und sinkt ebenfalls mit steigendem Abstand. Hochfrequenzstrahlung ist nur mit großem Aufwand abzuschirmen. Die Langzeitfolgen von geringen Strahlungsdosen sind weitgehend ungeklärt. Der weiten Verbreitung von Handys und anderen Funkgeräten, wie Babyphonen, stehen lückenhafte Erkenntnisse zu möglichen Gesundheitsrisiken und eine mangelhafte Aufklärung der BenutzerInnen gegenüber.
Eines ist für alle Arten von schwachem Elektrosmog gleich: Sie können mit unseren Sinnen nicht wahrgenommen werden; nur wenige Menschen können nach eigenen Angaben die Einflüsse „spüren“. Einfache Messgeräte und Abschirmeinrichtungen, die vielerorts verkauft werden, sind oft irreführend und/oder nutzlos, während Messung und Abschirmung durch Fachmenschen oft aufwändig und teuer sind.

Die Folgen von Elektrosmog

In wissenschaftlichen Untersuchungen hat sich gezeigt, dass schwacher Elektrosmog, wie z. B. die beim Mobilfunk verwendete Mikrowellenstrahlung, biologische Wirkungen hat, die derzeit nicht erklärt werden können. Dazu zählen die Beeinflussung von Schlafzyklen, die Beeinflussung von Konzentration, Aufmerksamkeit und Gedächtnisleistung sowie Auswirkungen auf den Kreislauf. Bei manchen Personen, die häufig und lange das Handy benutzen, treten gehäuft Kopfschmerzen und andere Beschwerden auf. Die ehemalige WHO-Direktorin Gro Harlem Brundtland ist ein prominentes Beispiel für Menschen mit diesen Symptomen.

Grenzwertproblematik: Kinder sind besonders betroffen!

Diese Effekte werden nicht befriedigend von gesetzlichen Grenzwerten berücksichtigt. Die einschlägigen Regelungen in Österreich sind daher nicht vorsorgeorientiert. Das trifft Kinder besonders, denn sie sind von den Auswirkungen des Elektrosmog, besonders der Mobilfunkstrahlung, am stärksten betroffen:

- Bei Kindern ist wegen des dünneren Schädels das sensible Gehirngewebe schlechter als bei Erwachsenen gegen Handystrahlen abgeschirmt.
- Die wirksame Strahlungsbelastung ist größer, weil der Schädelknochen die Strahlung besser leitet.
- Heutige Kinder sind den Belastungen zudem während ihrer gesamten Entwicklung und ihres weiteren Lebens ausgesetzt.

Tipps

Folgende Empfehlungen können eine Reduktion der Belastungen von Kindern (und Erwachsenen) bewirken:

Kinderzimmer

- Keine überflüssigen Installationen, (Verlängerungs-)Leitungen und netzbetriebene Elektrogeräte (wie z. B. Radiowecker und Fernseher, Aquariumspumpen etc.) im Kinderzimmer und in der Nähe des Betts! Hier sind auch ständig laufende Geräte mit höherem Stromverbrauch (Boiler, Heizungen, Kühlgeräte etc.) in angrenzenden Zimmern in Bettnähe zu beachten. Kindersicherungen für Steckdosen und über Schutzkontakt geerdete

Geräte sind anzuraten. Netzfreischalter (NFS) schalten unbenutzte Stromkreise automatisch ab.
- Energiesparlampen und dimmbare Lampen nicht in unmittelbarer Bettnähe verwenden (Abstand wenigstens 1 m)!

Mikrowelle

- Bei Mikrowellenherden ist wichtig, dass die Strahlungsabdichtung nicht defekt ist und die Tür richtig schließt. Kinder sollten beim Betrieb mindestens 1 m Abstand halten!

Geräte abschalten

- Keine Geräte im Stand-by-Modus betreiben! Sie verbrauchen dann Strom, erzeugen unsinnigerweise E-Smog und behindern die Funktion von NFS.
- Keine dauerhaft in Betrieb befindlichen Funksender in der Wohnung und in Kindernähe verwenden, wie z. B. DECT-Schnurlostelefone am Schreibtisch oder Nachtkästchen. DECT-Basisstationen stellen in Wohnungen oft die stärksten Strahlungsquellen dar und senden rund um die Uhr Funkstrahlung aus (Abstand von 3 bis 4 m je nach Type empfehlenswert). Sendestationen für kabellose Computernetzwerke (W-LAN) und Video-Übertragung nicht in Bettnähe aufstellen!

Babyphone

- Babyphone auf DECT-Basis bzw. mit nicht-abschaltbarer Reichweitenkontrolle sind ebenfalls Dauersender. Gegebenenfalls geräuschaktivierte, batterie- bzw. akkubetriebene Geräte mit einer maximalen Reichweite um 100 m (d. h. mit geringer maximaler Sendeleistung) verwenden. Babyphone nur einschalten, wenn sie gebraucht werden, in ausreichendem Abstand zum Kopf des Kindes aufstellen (ca. 2 m) und ihre Funktion immer kontrollieren! Wenn erhältlich, Geräte mit regelbarer Sendeleistung benutzen und Empfindlichkeit einstellen! Vor dem Kauf bei Konsumentenratgebern (z. B. Zeitschrift Ökotest) Informationen für die Auswahl einholen.

Festnetztelefon

- Keine eingeschalteten Handys im Kinderbett, auch nicht als Wecker! Die Österreichische Ärztekammer empfiehlt, dass Jugendliche unter 16 Jahren Handys nur in dringenden Fällen und nur für kurze Gespräche benutzen sollen. Das Festnetztelefon ist eine E-Smog-freie Alternative. Handys erzeugen bei der Benutzung eine weit höhere Belastung als Mobilfunkbasisstationen!

Handy

- Wenn schon Handybenutzung, dann nur bei bestem Empfang und nicht im Auto bzw. in Kellern und Aufzügen! Freisprecheinrichtungen benützen, SMS senden statt längere Gespräche führen und strahlungsarme Geräte verwenden. Laptops mit Mobiltelefon-Datenkarten strahlen wie Handys!
- Kinderhandys sind nicht empfehlenswert, wenn sie nur ein anderes Design haben und keine effektive Strahlungsreduktion bieten! Handys als Spielzeug sind nicht empfehlenswert, da meist die Telefonfunktion nicht ausgeschaltet werden kann und das Gerät damit sinnlos eine zusätzliche Strahlungsquelle darstellt!

Fachgerechte Entsorgung

- Informieren Sie sich über die fachgerechte Entsorgung von Handy & Co (z. B. im qualifizierten Fachhandel oder bei Umweltberatungsstellen). Solche Geräte gehören keinesfalls in den Hausmüll!

Wo immer wir uns aufhalten, sind wir – unfreiwillig – von Strahlen und elektrischen Feldern umgeben. Wie und in welchem Umfang wir aber Technologie nutzen, ist ein freiwilliges Risiko, das wir zum Wohle unserer Kinder und Mitmenschen und auch im Interesse unserer eigenen Gesundheit minimieren können. Die ungehemmte mobile Telefonie der „Generation Handy" zeichnet unter anderem verantwortlich für genervte Mitmenschen, Unfälle und Verkehrstote, gesundheitliche Probleme, existenzbedrohende Schuldenberge und umweltbelastenden Problemmüll. Welchen Stellenwert räumen Sie Ihrem Handy ein?

Nina Oezelt, Michael Eckerstorfer

NINA OEZELT, Studentin der Sozialen Verhaltenswissenschaft mit Schwerpunkt Ökologische Psychologie; Mitarbeiterin der ARGE Schöpfungsverantwortung.

DR. MICHAEL ECKERSTORFER, Biologe, ehemaliger Fachberater bei der Umweltberatung Wien für Schutz vor nichtionisierender Strahlung.

WEITERFÜHRENDE LITERATUR & LINKS

Moritz, H. (2007). Elektrosmog: Ursachen, Gesundheitsrisiken, Schutzmaßnahmen. 3., überarb. u. erw. Auflage, Shaker Verlag.

Strahlentelex mit Elektrosmog-Report (unabhängiger Fachinformationsdienst des unabhängigen Nova-Instituts, Printausgabe im Abo erhältlich unter www.strahlentelex.de, Tel.: +49 30 435 28 40, Fax: +49 30 64 32 91 67, Einzelartikel auch im Download erhältlich)

www.umweltberatung.at („die umweltberatung", Themen / Gesundes Wohnen, bietet auch Broschüren an, Tel.: +43 1 803 32 32)

www.elektrosmog.com (Internationale Gesellschaft für Elektrosmog-Forschung)

www.forum-elektrosmog.de (informative Site des deutschen Bundesverbands Die Verbraucherinitiative e. V. mit Tipps für den Alltag, umfangreichem Download-Angebot und Quellenverzeichnis zu wissenschaftlichen Veröffentlichungen)

http://www.salzburg.gv.at/umweltmedizin (das Land Salzburg informiert u. a. zum Thema E-Smog)

www.handywerte.de (SAR-Werte-Übersicht verschiedener Handys, bereitgestellt vom EMF-Institut Dr. Nießen)

www.microwavenews.com (Wissenschaftliches Fachmagazin über Mikrowellen)

10

Unsere „zweite Haut"

Was wir bei Kauf und Pflege von Textilien beachten sollten

(Uli Zimmermann)

„Mode ist das wichtigste Mittel der Textilindustrie
gegen die zunehmende Haltbarkeit der Stoffe."

(Emilio Schuberth, 1904–1972, italienischer Modeschöpfer deutscher Herkunft)

Unsere Haut ist unsere Kontaktstelle zur Umwelt. Raffiniert aufgebaut schützt sie uns vor Verwundung und Schadstoffen und regeneriert sich ständig. Dafür ist sie da, das kann sie – bis zu einem gewissen Grad an Belastung. Gute Kleidung schützt die Haut und belastet sie nicht durch Farbreste, durch Formaldehyd aus der „Veredelung“, oder durch Rückstände aus der Textilreinigung.

Worum es geht

Was wir mitkaufen

Zu den Eigenschaften, die unsere Kleidung hat, gehören Strapazierfähigkeit, Lichtechtheit, Tragekomfort, Hautverträglichkeit, Bügel- und Reinigungsverhalten ebenso wie Farbe und Schnitt. Zusätzlich kaufen wir mit jedem Stück auch die Bedingungen mit, unter denen die Kleidung hergestellt wurde. Die Auswirkungen auf die Umwelt genauso wie die Arbeitsbedingungen der BaumwollarbeiterInnen oder der TextilnäherInnen. Die Umweltbedingungen schließen die Entsorgung giftiger Abwässer bei der Verarbeitung der Fasern oder den Einsatz von Pestiziden, Düngemitteln und Welkemitteln mit ein. Die sozialen Bedingungen gehen vom Schutz der BaumwollarbeiterInnen beim Ausbringen der Pestizide und Welkemittel bis zu Kinderarbeit, gewerkschaftlichen Grundrechten und angemessener Entlohnung.

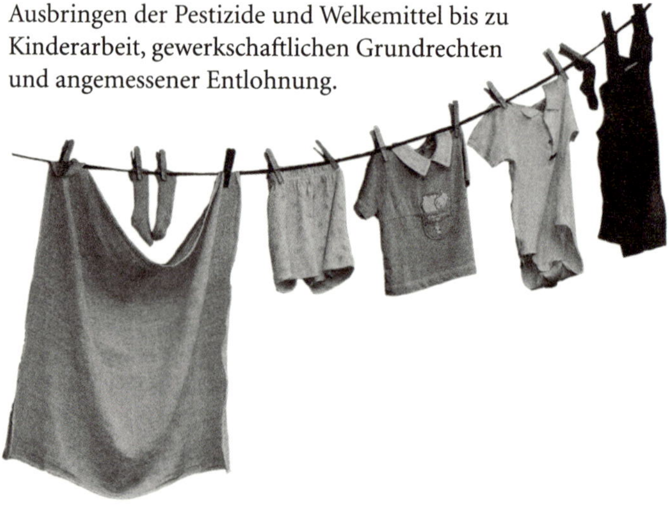

Fachliche Hintergründe

Kleine Warenkunde

Baumwolle

Baumwolle ist auf Grund ihrer positiven Fasereigenschaften (atmungsaktiv, kann bis zu 24 % des Eigengewichts an Wasser aufnehmen, ohne sich feucht anzufühlen, reißfest, lädt sich nicht elektrostatisch auf, hautfreundlich, leicht zu pflegen) die wichtigste Faserpflanze. Allerdings bringen Anbau und Verarbeitung große Probleme mit sich: Der Einsatz von Düngemitteln, Pestiziden und Welkemitteln für den Baumwollanbau beträgt ca. $1/5$ der weltweit insgesamt verbrauchten Mengen. Die Weltgesundheitsorganisation WHO schätzt, dass jährlich 1,5 Mio. Menschen gesundheitliche Schäden aus dem Pestizideinsatz beim Baumwollanbau davontragen, 28.000 davon mit tödlichen Folgen. Umweltschutz, also Reduktion dieser Chemikalien, ist hier daher gleichbedeutend mit dem Schutz menschlichen Lebens.
Da die Rohbaumwolle, damit sie als Gewandfaser taugt, mit Natronlauge abgekocht werden muss, wird ein Großteil der Giftstoffe ausgewaschen. Danach wird die Faser in verschiedenen Prozessen „veredelt“, d. h. pflegeleicht, knitterarm und bügelfrei gemacht, gebleicht oder – ökologisch weniger bedenklich – mercerisiert. Dies geschieht meist durch Einlagerung von allergenem, gesundheitlich bedenklichem Formaldehyd oder Glyoxal. 100 % Baumwolle kann so bis zu 20 % Chemikalien enthalten.

Leinen

Eine Kulturpflanze, die hierzulande heimisch ist, keine zusätzliche Bewässerung braucht und verhältnismäßig wenig Düngung und Pestizide, ist die Leinenpflanze (Flachs). Die pflanzlichen Rückstände können durch Kompostierung umweltfreundlich entsorgt werden. Trotz dieser guten ökologischen Eigenschaften ist Leinen wegen seiner Fasereigenschaften (hohe Knitteranfälligkeit, zwar reiß-, aber nicht sehr scheuerfest) keine ernstzunehmende Konkurrenz zur Baumwolle.

Wolle

In Europa wird der Wollbedarf durch Importe aus z. B. Australien, Neuseeland, Argentinien, Südafrika, Uruguay gedeckt, wo riesige Herden gehalten werden. Gegen Insektenbefall wird Pestizid eingesetzt, das sich im Wollfett anreichert und später in den Abwässern der Wollwäsche ein Entsorgungsproblem darstellt. Um Maschinenwäsche zu ermöglichen und Filzen zu verhindern, wird Wolle oft mit Enzymen oder Kunstharz behandelt. Für Kleinkinder wird auch schon Wolle in kontrollierter Demeter-Qualität (also streng biologisch) produziert.

Seide

Seide ist sehr reißfest, kann viel Feuchtigkeit aufnehmen, ist aber durch ihre Schweißempfindlichkeit und den hohen Pflegeaufwand für alltägliche Kleidung wenig geeignet. Frisch gewonnene Seide ist ökologisch und gesundheitlich unbedenklich, da die Seidenraupe ein Insekt ist, das negativ auf Pestizide reagiert. Über Nachbehandlung und Ausrüstung weiß man aber wenig, weil die Seidenproduktion in Europa fast ausgestorben ist. Es werden wohl überwiegend Kunstharze eingesetzt um der Seide Schwere und Griff zu geben.

Viskose und Modal

Bei Viskose und Modal handelt es sich um synthetische Chemiefasern, zu deren Herstellung Holz als Rohstoff dient. Die Herstellung der Fasern erfolgt mit Hilfe von Chemikalien und verbraucht große Mengen an Wasser und Energie.

Fasern aus Rohöl

Aus ca. 0,4 % der Rohölförderung werden (synthetische) Fasern erzeugt. Die Umweltbelastung dieser Technik ist nicht leicht zu klären. Es fällt eine Reihe von belastenden, nicht leicht zu entsorgenden Stoffen an. Da aber der gesamte Prozess, schon aus Kostengründen, in einem mehr oder weniger geschlossenen System abläuft, ist, zumindest in Westeuropa, eine Minimierung der Umweltbelastung erreicht. Der Energieaufwand ist bei der Herstellung von Chemiefasern durchschnittlich geringer als für Naturfasern. Es handelt es sich aber um Fasern aus nicht nachwachsenden Rohstoffen.

Gesunde, umwelt- und sozialverträgliche Kleidung

Ökotextilien

Hautfreundlich, ökologisch und fair produziert sind Ökotextilien – erhältlich im Einzelhandel und über Versand. Die Kennzeichnung dieser Produkte ist innerhalb der EU leider noch wenig geregelt.

„kbA" – kontrolliert biologisch

Gesetzlich geschützt und kontrolliert ist der Begriff „kbA" – „aus kontrolliert biologischem Anbau" – für die Ausgangsprodukte, also z. B. für Rohbaumwolle (bzw. „kbT" – „kontrolliert biologische Tierhaltung" für Schafwolle).

Ökotextil-Kennzeichen

Für die ökologische Weiterverarbeitung von Textilien (Färbung, Ausrüstung etc.) gibt es keinen Begriff, der durch EU-Gesetze geschützt ist. Was es gibt, sind Ökotextil-Zeichen (Ökolabel), die jedoch von den Produzenten selbst (Green Cotton), von Verbänden (ÖkoTex Standard 100, Toxproof), von Instituten und Firmen einer Branche oder von großen Einzelhändlern stammen.
Ökotextil-Kennzeichen verpflichten zur Einhaltung von

- Gesundheitskriterien (keine Schadstoffe, die auf die Haut übergehen),
- Umweltkriterien (keine Umweltschäden durch Boden- und Wasserbelastung oder Pestizide)
- sozialen Kriterien (soziale Mindeststandards, Verbot von Kinderarbeit, Mindestlöhne etc).

Manche Zeichen berücksichtigen alle diese Kriterien, einige nur ein oder zwei. Manche betrachten nur das Endprodukt, andere die gesamte Herstellungskette.

Das **Fairtrade-Zeichen** gibt es auch für Baumwolle. Es werden in erster Linie soziale, aber auch ökologische Kriterien berücksichtigt.

Die folgenden Zeichen bekamen von www.label-online.de, einem Service vom deutschen Bundesverband Die Verbraucherinitiative e. V., die Note „empfehlenswert“.

Das IVN-Zeichen **„Naturtextil-BEST“** kennzeichnet Textilien, die vollständig aus Naturstoffen bestehen. BEST-Produkte stehen für die derzeit strengsten ökologischen und sozialen Standards in der Textilbranche.

Der **„Global Organic Textile Standard“** setzt weltweit einen Maßstab für Umwelt- und Sozialverträglichkeit in Sachen Textil. Er ist der Mindeststandard, den nach IVN-Auffassung Naturtextilien erfüllen müssen.

Das **Europäische Umweltzeichen** kennzeichnet im Vergleich zu herkömmlicher Produktion geringere Unweltauswirkungen und stellt Anforderungen an Umwelt- und Gesundheitsverträglichkeit des Endproduktes. Das EU-Zeichen gibt es auch für Schuhe.

Der **„Öko-Tex Standard 100 plus“** steht für schadstoffgeprüfte (gesundheitsverträgliche) und umweltfreundlich hergestellte Textilien. (Die sehr verbreitete Version des Labels, „Öko-Tex Standard 100“, berücksichtigt weder ökologische noch soziale Aspekte und wird daher nur eingeschränkt empfohlen.)

Hautfreundlich, wenn „Öko" nicht zu haben ist

Für den Laien ist es schwierig, sich zwischen den vielfältigen Zeichen zurechtzufinden. Generell gilt, dass Qualität und solide Verarbeitung Langlebigkeit garantieren – und je weniger Stoff insgesamt produziert werden muss, desto umweltfreundlicher ist natürlich die Bilanz. Ganz sicher hautfreundlich ist die oft gewaschene, gebrauchte Babywäsche der netten Nichte!
Auch der Blick auf die Textilkennzeichnung, die jedes Kleidungsstück und auch Meterware aufweisen muss, hilft bei Unklarheiten weiter:
Hier finden Sie Prozentangaben darüber, aus welchen Fasern das Kleidungsstück besteht. Und daraus lässt sich ableiten, wie hautfreundlich der Stoff wirklich ist – ob er Schweiß aufnehmen kann, wie das Kleidungsstück wärmt, ob es sich elektrostatisch auflädt etc.

Was Material und Pflegekennzeichnung verraten

Die Pflegekennzeichnung gibt Ihnen Hinweise darauf, was der Stoff an Chemikalien enthalten kann:

- „Separat waschen" weist darauf hin, dass sich am Stoff eine Menge überschüssiger Farbe befindet.
- Baumwollprodukte, die nicht bei höheren Temperaturen gebügelt werden dürfen, enthalten Kunstharz (das bei höheren Temperaturen am Bügeleisen kleben würde).
- Andere Stoffe können nicht mit Wasser gewaschen werden, sondern müssen in die chemische Reinigung.

Tipps

- Kaufen Sie weniger und achten Sie dafür auf Qualität!
- Waschen Sie neue Kleidungsstücke immer vor dem ersten Tragen! Dadurch werden Farb- und Chemikalienrückstände ausgewaschen.
- Achten Sie auf Information auf den Etiketten (Material- und Pflegehinweise) und machen Sie einen Bogen um Hochveredeltes!

Naturtextilien

- Empfindliche Menschen und Babys sollten direkt auf der Haut ungefärbte Naturtextilien oder oft gewaschene Kleidung tragen!
- Falls erhältlich, bevorzugen Sie Ökotextilien und fair gehandelte Textilien.

Secondhand

- Gerade Babykleidung wird nur kurz getragen. Gebrauchte Kleidung von Bekannten oder aus dem Secondhand-Geschäft ist hautfreundlich, vermindert die Abfallmenge und spart Geld!

Uli Zimmermann

MAG.[A] ULI ZIMMERMANN, Biologin, ehemalige Fachberaterin bei der Umweltberatung Wien für nachhaltigen Konsum.

WEITERFÜHRENDE LITERATUR & LINKS

www.umweltberatung.at (Liste von Bezugsquellen und Kennzeichnungen von Ökotextilien, Tel.: 01/ 803 32 32)
www.cleanclothes.org (Kampagnen zu sozialen Standards)
www.oneworld.org/cw (Information über transnationale Unternehmen und ethisches Konsumverhalten)
www.label-online.de (Bewertung von Öko-Kennzeichnungen)

11

Augen auf beim Spielzeugkauf!

Was ist drinnen bei Puppe, Baustein und Quietschente?

(Sophie Jäger-Katzmann)

„Es gibt nichts Wunderbareres und Unbegreiflicheres und nichts, was uns fremder wird und gründlicher verloren geht als die Seele des spielenden Kindes."

(Hermann Hesse, 1877–1962, „Eine Stunde nach Mitternacht")

Was wäre eine Kindheit ohne Spiel! Gerne erinnert man sich noch als Erwachsener an solcherart verbrachte Stunden zurück. Häufig stellt Spielen aber eine notwendige Anpassung an Umwelt- oder erzieherische Rahmenbedingungen dar. Damit geht die wichtige Funktion des Spiels für die kindliche Entwicklung unter Umständen verloren.
Natürlich brauchen Kinder auch Spielsachen. Was im einzelnen Fall als Spiel-Sache dient, ist zunächst der kindlichen Phantasie überlassen. Schon ein einfacher Kieselstein, ein scheppernder Topf oder ein raschelndes Blatt Papier kann faszinieren. In der Regel übernehmen aber die Eltern die Auswahl des Spielzeugs, und darin liegt auch eine Verantwortung, denn längst nicht alles, was am Markt ist, ist der kindlichen Entwicklung und der Gesundheit zuträglich.

Worum es geht

Bedenkliche Inhaltsstoffe und Herstellungsbedingungen

Wenn Kinder vor den Auslagen von Spielzeuggeschäften stehen, beginnen ihre Augen zu leuchten und meist ist es nicht einfach, sie zum Weitergehen zu bewegen. Natürlich brauchen Kinder Spielsachen. Leider decken sich die Vorstellungen der Kinder meist nicht mit denen der Eltern, wenn es darum geht, geeignetes Spielzeug auszusuchen. Neben pädagogischen Bedenken verunsichern Berichte über bedenkliche Inhaltsstoffe in Baby- und Kinderspielzeug die Eltern. Oft vernachlässigt wird dagegen die Frage, wo und unter welchen Bedingungen das Spielzeug hergestellt wurde. Sie erfahren hier, was dahintersteckt, und worauf Sie beim Kauf von ökologischem, gesundem und fairem Spielzeug schauen müssen.

Fachliche Hintergründe

Spielen, Spielumwelt und Entwicklung

In der Entwicklungspsychologie geht man heute davon aus, dass das Spielen einen entscheidenden Einfluss auf die kognitive Entwicklung (Denken und Intelligenz) des Kindes hat. Ein Verständnis des Spiels als Produkt der Evolution stellt seine biologische Funktion heraus, insbesondere für die motorische und soziale Entwicklung. Spielen dient also nicht bloß dazu, überschüssige Energie abzubauen.

Spielen ist ein Überbegriff für eine Vielzahl von Verhaltensweisen. Als exploratives Verhalten (Erkundungsverhalten) liegt die Bedeutung des Spiels (und des Spielzeugs) im Spiel selbst. Trotzdem ist Spielen immer auch Lernen. Es bereitet das Kind auf das Leben in einer komplexen Umwelt vor. Aber es ist Probehandeln ohne ernsthafte Konsequenz. Leistungsdruck und Leistungsanforderung machen aus dem Spiel Ernst und stören es damit. In gleicher Weise wirken Einschränkungen des Bewegungsspielraums, Verbote und Befehle hemmend auf das Kinderspiel und seine Funktion.

Das Spielverhalten wird besonders durch die räumlichen Gegebenheiten (Beengung, Atmosphäre, Umgebungsgestaltung, Lärm usw.) und die Vorgabe des Spielmaterials (was und wie lässt sich damit spielen) beeinflusst. Die Wohnungsgestaltung (z. B. teure Einrichtung) und entsprechende Verweisung des Kinderspiels auf den begrenzten Raum des Kinderzimmers sind für Sozialisation und Entwicklung oft wenig förderlich. Spielsachen, die die individuellen und altersgemäßen Interessen und Fähigkeiten des Kindes berücksichtigen, können die Entwicklungsprozesse in wertvoller Weise unterstützen. Ein Überangebot dient jedoch nicht der optimalen Förderung, es schränkt vielmehr die kindliche Kreativität ein. Den Kindern fällt es durch die Fülle schwerer, sich für ein bestimmtes Spiel zu entscheiden und sich länger darauf zu konzentrieren.

Bewusst, robust und einfach zu reparieren!

Gutes Spielzeug ist robust, lässt sich reparieren (Ersatzteile!) und ist vielseitig und lange einsetzbar. Die Konstruktion muss einfach und für Kinder leicht verständlich sein. Je einfacher etwas gestaltet ist, desto mehr Möglichkeiten lässt es der kindlichen Phantasie. Daneben muss Spielzeug altersgerecht sein, d. h. der geistigen und körperlichen Entwicklung des Kindes entsprechen. Auf keinen Fall darf Spielzeug die Gesundheit gefährden.

Gesetzliche Regelungen

Da Babys und Kleinkinder ihre Spielsachen auch mit dem Mund erkunden, müssen diese auf jeden Fall aus gesundheitlich unbedenklichen Materialien bestehen und es dürfen sich keine Kleinteile lösen. Die EN 71, die Europanorm für die Sicherheit von Spielzeug, regelt Mindeststandards für Kinderspielzeug, das innerhalb der EU verkauft wird. Es dürfen z. B. keine scharfen Kanten vorhanden sein. Auch Speichelechtheit, die Sicherheit von Füll-Materialien, Schadstoffgehalt und Lautstärke sind in der Norm geregelt. In Österreich gilt für Kinderspielzeug die Önorm EN 71. Es darf theoretisch nur Spielzeug in Verkehr gebracht werden, das diesen Richtlinien entspricht.

Spielzeug wird aus unterschiedlichsten Materialien hergestellt. Nachwachsende Rohstoffe wie z. B. Holz kommen genauso zum Einsatz wie verschiedenste Kunststoffe.

Holzspielzeug

Holzspielzeug erfüllt die höchsten ökologischen Kriterien. Holz ist ein nachwachsender Rohstoff, hat angenehme Oberflächeneigenschaften und ist sehr langlebig. Bei der Herstellung entstehen keine umweltbelastenden Emissionen oder Nebenprodukte. Auch die Entsorgung ist unproblematisch. Wenn möglich sollte das Holz aus heimischen Wäldern kommen. Qualitativ gutes Holzspielzeug ist zwar nicht billig, aber dafür nahezu unverwüstlich! Es kann über Generationen weitergegeben werden.

Plastik ist nicht gleich Plastik!

Kunststoffspielzeug ist bunt und bietet ganz andere Spielmöglichkeiten als Holz. Deshalb wird es vor allem von älteren Kindern geliebt. Die unterschiedlichen Kunststoffe haben in Bezug

auf ihre Produktion und Entsorgung unterschiedliche ökologische Auswirkungen. Auch gesundheitlich sind sie unterschiedlich zu bewerten.
Als unbedenklich gilt Spielzeug aus Polyethylen (PE) und Polypropylen (PP). Bei der Produktion dieser Kunststoffe werden weniger schädliche Zusätze benötigt als bei PVC. Sie sind meist wieder verwertbar. PVC (Polyvinylchlorid) dagegen ist ein Umweltgift! Von der Produktion bis zur Entsorgung verursacht PVC eine Vielzahl an Umwelt- und Gesundheitsbelastungen.
PVC ist eigentlich ein sehr harter Kunststoff, der für Spielsachen meist erst durch Weichmacher bearbeitet werden muss. Viele dieser Weichmacher (Phthalate) haben langfristig gesundheitsschädigende Wirkung. Sie können sich durch den Speichel aus dem Kunststoff lösen und wirken im Tierversuch erbgutverändernd. Die Verwendung von Phthalaten in Spielzeug für Kinder unter drei Jahren ist seit 1999 in Österreich verboten! Seit Jänner 2007 besteht innerhalb der EU ein Verbot für bedenkliche Phthalate in Kinderspielzeug und Babyartikeln. Die Verwendung von PVC muss nicht gekennzeichnet werden. Auf Importprodukten wird es oft als Vinyl bezeichnet.

Kennzeichnung von Spielzeug

Grundsätzlich wird empfohlen, nur Spielzeug zu kaufen, auf dem der Hersteller angegeben ist. Dies ist gesetzlich vorgeschrieben, bietet Transparenz für KonsumentInnen und kann im Falle einer Reklamation wichtig sein. Scharfe Kanten oder Schweißnähte, an denen sich Kinder verletzen könnten, kann man im Spielzeuggeschäft selbst überprüfen. Ob ein Spielzeug giftfrei, farb- und speichelecht oder fair produziert ist, lässt sich allerdings nicht so leicht feststellen. Hier sollten Sie auf die Kennzeichnung achten.

Jedes Spielzeug, das innerhalb der EU verkauft wird, muss das **CE-Konformitätszeichen** tragen. Der Hersteller oder Importeur erklärt damit, dass das Produkt die gültige Europäische Norm EN 71 einhält. Es besteht aber keine Verpflichtung, die Einhaltung der Kriterien prüfen zu lassen, somit ist das CE-Zeichen keine Garantie für gutes Spielzeug!

Das GS-Zeichen „geprüfte Sicherheit" weist darauf hin, dass der Hersteller seine Waren entsprechend den festgelegten Sicherheitsanforderungen freiwillig durch eine unabhängige zugelassene GS-Stelle überprüfen lässt. Das so gekennzeichnete Produkt erfüllt die grundlegenden Sicherheits- und Gesundheitsanforderungen. Daneben ist häufig auch das Zeichen der Prüfstelle angegeben, z. B. TÜV, DEKRA, ÖVE, VDE.

Bei Spielsachen für Kinder unter 36 Monaten gelten strengere Bestimmungen als für ältere Kinder. Farben müssen speichelecht sein, das Spielzeug muss speziell bruchfest sein und eine gewisse Größe haben, um das Einatmen oder Verschlucken von Kleinteilen zu verhindern. Spielzeug, das diese Anforderungen nicht erfüllt, trägt den Warnhinweis „Nicht geeignet für Kinder unter 3 Jahren (bzw. 36 Monaten)". Daher ist die Altersangabe unbedingt zu beachten! Spielzeug von älteren Geschwistern sollte nicht in die Hand bzw. in den Mund von Kleinkindern gelangen. Auch die beliebten Quietschenten, die üblicherweise für Babys gekauft werden, sind oft erst für Kinder ab drei Jahren geeignet.

Die rote „spiel gut"-Plakette kennzeichnet pädagogisch sinnvolles Spielzeug, das von Fachleuten getestet und gemeinsam mit Kindern erprobt wurde. Bewertet werden auch Umweltverträglichkeit und Einhaltung der EU-Sicherheitsnormen. Spielsachen aus PVC werden nicht zertifiziert, da PVC ein sehr umstrittener Kunststoff ist. Jährlich werden etwa 250 Spielwaren mit dem Siegel ausgezeichnet.

Seit 2005 gibt es mit „fair spielt" ein Logo für fair produziertes Spielzeug. Gemeinsam mit Partnerorganisationen in Europa und in Asien setzt sich die Aktion „fair spielt" für die Einhaltung der Menschenrechte und grundlegender Arbeitsnormen in der Spielzeugindustrie ein.

Faire Spielzeugproduktion

Etwa 45 % der bei uns am Markt erhältlichen Spielwaren kommen aus China, 22 % aus anderen asiatischen Ländern und nur 13 % werden innerhalb der EU hergestellt. In vielen Spielzeugfabriken gibt es keine sozialen und ökologischen Richtlinien. Niedrigstlöhne und gesundheitliche Beeinträchtigung der ArbeiterInnen sind neben Kinderarbeit große Kritikpunkte. Berichterstattung über menschenverachtende Arbeitsverhältnisse sowie Kampagnen wie „fair spielt" zeigen hier glücklicherweise Wirkung. Auch Handelsunternehmen machen zunehmend Druck auf SpielzeugherstellerInnen und ImporteurInnen. Daher erklären immer mehr Firmen ihre Bereitschaft, den Verhaltenskodex des Weltverbandes der Spielzeugindustrie ICTI (International Council of Toy Industries) einzuhalten. Dieser regelt die Einhaltung von Mindestarbeits- und Sozialstandards. Die Arbeitsbedingungen bei den LieferantInnen werden unabhängig überprüft.

Tipps

- Nehmen Sie sich für den Spielzeugkauf Zeit!
- Achten Sie besonders auf die typischen Gefahrenquellen: Umweltgifte, technische Mängel, Lärm und Überangebot. Berücksichtigen Sie auch soziale Kriterien!

Fachhandel

- Kaufen Sie im Fachhandel und achten Sie auf die Kennzeichnung, Herstellernachweis und Altersangaben! Produkte aus Billigshops sind meist nicht kontrolliert und halten sich nicht immer an gültige Vorschriften.
- Bevorzugen Sie robustes Spielzeug und achten Sie auf Ersatzteile! Spielwaren für Babys und Kleinkinder sollen glatt, abgerundet und leicht zu reinigen bzw. waschbar sein. Die Altersangabe ist bei Babys besonders wichtig!

Holzspielzeug

- Bevorzugen Sie Holzspielzeug oder Spielwaren aus Polyethylen oder Polypropylen, vermeiden Sie das Umweltgift PVC! Fragen Sie am besten im Fachhandel nach, um welchen Kunststoff es sich handelt.
- Bevorzugen Sie Vollholzprodukte, die mit biologischen Ölen oder Bienenwachs behandelt sind! Aus dem Leim von Sperrholzprodukten kann giftiges Formaldehyd ausdünsten. Unbehandeltes Holz ist aus hygienischen Gründen für Babys nicht geeignet, da es einen optimalen Nährboden für Bakterien bietet. Gewachstes Holzspielzeug kann man waschen. Lassen Sie es anschließend gut trocknen.

Stofftiere waschen

- Waschen Sie Stoff- und Plüschtiere nach dem Kauf bei niedriger Temperatur in der Waschmaschine, um Rückstände von Chemikalien zu entfernen!
- Vermeiden Sie batteriebetriebene Spielwaren! Batterien sind Problemstoffe und in Spielwaren nicht immer kindersicher eingebaut.

Geräuscharmes Spielzeug

- Bedenken Sie beim Kauf von Spieluhren, Babykeyboards etc. auch deren Lautstärke! Denken Sie dabei nicht nur an die Ohren Ihres Kindes, sondern auch an Ihre Nerven! Hängen Sie Spieluhren nie direkt ins Gitterbett, sie sind meist viel zu laut für das gute Gehör eines Babys! ExpertInnen empfehlen, einen Abstand von ca. einem Meter zwischen Kinderbett und Spieluhr einzuhalten.
- Sprechen Sie sich beim Kauf von Spielzeug mit Freunden oder Verwandten ab und machen Sie Gemeinschaftsgeschenke! Es empfehlen sich ausbaufähige Baukastensysteme, die sich durch Zubehör ergänzen lassen.

Secondhand

- Kinderspielzeug muss nicht immer neu sein und kann auch aus zweiter Hand erworben werden. Noch gut erhaltene Spielwaren bekommen Sie über Spielwarenbörsen, Tauschzentralen und Flohmärkte. Oft können Spielsachen bei Verwandten oder Bekannten ausgeborgt werden. So können Sie Geld sparen und Abfall vermeiden. Dazu sind diese Spielwaren schon ausgedämpft, falls flüchtige Inhaltsstoffe enthalten waren.

Spielzeug gibt es, solange es Menschen gibt. In ihnen spiegeln sich soziale und politische Ausrichtungen, Moden und technische Entwicklungen wider. Leider sind längst nicht alle Entwicklungen zum Wohle des Kindes. Mit Ihrer Kaufentscheidung können Sie Zeichen setzen und die Entwicklung Ihres Kindes maßgeblich unterstützen.

Sophie Jäger-Katzmann

MAG.[A] SOPHIE JÄGER-KATZMANN, tätig für den Verband österreichischer Umweltberatungsstellen. „Die Umweltberatung" gibt Tipps für einen ökologischen Lebensstil, die im Alltag leicht umsetzbar sind, und informiert firmenunabhängig und individuell. ExpertInnen beraten zu den Themen ökologisches Bauen, Wohnen und Reinigen, naturnahes Gärtnern, biologische Ernährung und Ökotextilien.

„Die Umweltberatung" hilft, den Energieverbrauch und Rohstoffeinsatz sowie die Abfallmenge zu verringern und unterstützt soziale Fairness. Privatpersonen, MultiplikatorInnen und Unternehmen nutzen das vielfältige Angebot.

Kontakt: Buchengasse 77, 1100 Wien, Tel.: +43 1 803 32 32, Fax: DW 32, E-Mail: service@umweltberatung.at

WEITERFÜHRENDE LITERATUR & LINKS

Piaget, J. (1975). Nachahmung, Spiel und Traum. Stuttgart: Klett.
Jaffke, F. (2000). Spielzeug von Eltern selbstgemacht. Erw. Neuauflage. Verlag Freies Geistesleben GmbH.
Ökotest kompakt: „Spielzeug und Spielen" (erschienen Sept. 2004), „Spielen" (erschienen Okt. 2006), online unter www.oekotest.de (Heftausgaben leider vergriffen)

www.umweltberatung.at (Wissenswertes zum Thema Kind und Umwelt)
www.chanceb.at/klump (Holzspielzeug produziert in einer steirischen Behindertenwerkstätte)
www.puppendoktor.at (falls doch einmal etwas kaputtgeht, gibt es den Puppendoktor! Adresse: 1010 Wien, Stubenring 16, Tel.: 01 513 38 76)
http://kinder.was-ist-los.com/index.php?title=knetmasse_selber_machen (Knete selber machen)
www.spielgut.de (Homepage des Logo-Trägers samt Verzeichnis der ausgezeichneten Spielwaren)
www.fair-spielt.de (Homepage des Logo-Trägers, auch Firmenprofile von Spielwarenproduzenten und -händlern)
https://www.wien.gv.at/webflohmarkt/internet/ (Wiener Online-Flohmarkt)
www.strampelmax.at (Tauschbörse und Secondhandshops, österreichweit)
www.flohmarkt-termine.at (Termine österreichweit)

12

Abfallvermeidung von Anfang an

Damit wir nicht im Müll versinken

(Michael K. Pieber)

„Sisyphus wäre heute bei der Müllabfuhr."

(Wolfram Weidner, geb. 1925, deutscher Journalist)

In der chinesischen Philosophie steht Yin für die männliche (Himmel) und Yang für die weibliche Kraft (Erde). Im Zentrum stehen das Streben nach Harmonie und die kontinuierliche Verwandlung beider Kräfte in das jeweilige Gegenteil. In ähnlicher Weise liefert die Erde Rohstoffe, die vom Menschen genutzt und zu etwas Neuem geformt werden können. Nach dem Gebrauch wandelt sich das so entstandene Produkt im Idealfall in seine Ausgangsform zurück und steht erneut der (Wert-)Schöpfung zur Verfügung. Dieser natürliche Kreislauf wird durch nicht verrottbare, nicht rückführbare Komponenten gestört, durch das, was übrig bleibt: Abfall. Idealfall und Realität klaffen auseinander. Mit unseren Bedürfnissen, unserem Konsum- und Nutzungsverhalten beeinflussen wir, was produziert wird, und das, was bleibt.

Worum es geht

Wo Menschen leben, gibt es Abfall!

Wo Menschen leben, gibt es auch Abfälle. Einen jungen Menschen, der in Europa geboren wird, erwartet eine Welt, die sich zwar schon seit einiger Zeit mit dem Phänomen Abfall beschäftigt und dafür auch funktionierende Lösungsansätze entwickelt hat. Dennoch wird auch in abfallwirtschaftlich sehr fortschrittlichen Ländern wie Österreich regelmäßig festgestellt, dass die Abfallmengen seit Beginn der regelmäßigen Aufzeichnungen konstant ansteigen.
Zuletzt fielen laut Bundesabfallwirtschaftsplan 2006 in Österreich insgesamt 54 Mio. Tonnen Abfälle an, davon waren 3,4 Mio. Tonnen Abfälle aus Haushalten und vergleichbaren Einrichtungen. Statistisch gesehen fallen pro österreichischem Kopf (Neugeborene eingeschlossen) und Jahr rund 411 kg Abfälle in Haushalten an.

Fachliche Hintergründe

Abfälle entstehen in Durchlaufprozessen

Die Abläufe unseres gegenwärtigen Wirtschaftssystems sind als Durchlaufprozesse organisiert. Zu Beginn eines Wirtschaftsprozesses werden Rohstoffe abgebaut oder Grundstoffe erzeugt, dann werden sie zu Waren verarbeitet, über den Handel verteilt und von den Endverbrauchern konsumiert. In allen Ablaufstufen dieses materiellen Prozesses kommt es zur Entstehung von Abfällen und anderen Emissionen. Da das Durchflusssystem nicht so konzipiert ist, dass die entstehenden Abfälle unmittelbar nach ihrem Anfall wieder als Rohstoffe in die Produktionssphäre zurückfließen können, bleibt auf jeder Wirtschaftsstufe ein heterogenes Stoffgemisch als ausgeschleuster Abfall zurück, was einer Vergeudung von Ressourcen entspricht. Die stoffliche Dissipation (Verteilung) ist in der letzten Stufe der Endverbraucher am größten. Dementsprechend hoch ist der Aufwand, den heterogenen, dissipierten Abfallstrom auch nur teilweise wieder in den Produktionsbereich zurückzuführen.
In Gang gebracht werden diese Durchflussprozesse letztlich durch die materiellen Bedürfnisse und Wünsche der Endverbraucher. Je mehr Konsumgüter diese kaufen, desto mehr Materie (Stoffe) wird verarbeitet und desto mehr Abfälle entstehen.

Ökologische Abläufe in Kreislaufprozessen

Ökologische Abläufe sind im Gegensatz zu den Durchflussprozessen unseres Wirtschaftssystems grundsätzlich als Kreislaufprozesse gestaltet. Diese Kreisläufe bestehen aus Aufbau-, Verwendungs- und Abbauphasen, wobei die nächste Aufbauphase nahtlos an die letzte Abbauphase anschließt.
Es wäre aber falsch zu sagen, dass die Natur keine Abfälle kennt, denn die in jeder Vegetationsperiode anfallenden großen Massen an Laub oder anderem abgestorbenen Pflanzenmaterial stellen zweifellos Abfälle dar. Warum aber empfinden wir dennoch kein Unbehagen, wenn wir durch die „biologische Abfalldeponie“ namens Wald spazieren? Weil in den natürlichen Kreisläufen die einzelnen Phasen so intelligent designt sind, dass nur jene Arten

und Mengen von „Produkten" hergestellt werden, die in der Abbauphase auch wieder zerlegt, umgewandelt und somit verwertet werden können.

Recycling als Lösung?

Stellt Recycling also die Lösung des Abfallproblems dar? Nein. Recycling ist zwar ein großer Schritt in die richtige Richtung, kann aber nicht die alleinige Lösung unseres Problems der Durchflusswirtschaft sein, da die Wirtschaftsprozesse in der Regel irreversible Prozesse sind, d. h. sie können nur unter Einsatz von Ressourcen wieder umgekehrt werden. Ebenso darf nicht vergessen werden, dass kein Prozess auf der Erde mit einem Wirkungsgrad von 100 % abläuft. Dies gilt auch für sämtliche Recyclingprozesse. Außerdem steigt der für das Recycling notwendige Aufwand exponentiell an.

Nachhaltigkeit

Das Ziel muss eine nachhaltige Ausrichtung der Durchlaufprozesse sein. Nachhaltigkeit meint im Sinne des „Brundtlandberichts" der Weltkommission für Umwelt und Entwicklung (1987) „eine Entwicklung, die den Bedürfnissen der heutigen Generation entspricht, ohne die Möglichkeiten künftiger Generationen zu gefährden, ihre eigenen Bedürfnisse zu befriedigen und ihren Lebensstandard zu wählen".

Nachhaltigkeitsstrategien: Konsistenz, Suffizienz, Effizienz

Im Nachhaltigkeitsdiskurs werden drei Strategien als Erfolgsbausteine für eine zukunftsfähige Entwicklung gehandelt – in dieser Reihenfolge: Konsistenz steht für „Anderes und anders" nutzen, im Sinne einer Vereinbarkeit von Natur und Technik. Suffizienz meint Ressourcenschonung durch eine Einschränkung der Nutzung des Konsums. Nach dem Motto „weniger ist mehr" steht die Frage nach dem rechten Maß im Vordergrund. Effizienz zielt auf eine ergiebigere Nutzung vorhandener Ressourcen (Materie und Energie) durch Optimierung von Technik und Abläufen („mehr aus weniger").

Abfallvermeidung als nachhaltige Lösung

Eine tatsächlich nachhaltige Lösung des Abfallproblems kann nur durch Abfallvermeidung erreicht werden. Gleich vorneweg

soll aber mit der Illusion aufgeräumt werden, dass eine 100%ige Abfallvermeidung möglich sei. Das würde nämlich einen totalen Produktions- und Konsumverzicht bedeuten. Und wer von uns möchte nicht gern etwas zu essen bzw. zum Anziehen oder ein Haus zum Wohnen usw. haben?
Abfallvermeidung muss daher dort ansetzen, wo es zu Ressourcenverschwendungen kommt. Zwei Wege führen dabei in Richtung Ziel. Einerseits sind das die Öko-Effizienz, die technisch orientiert ist und andererseits der Ansatz des sog. immateriellen Konsums, der auf eine Änderung unserer materiell dominierten Konsumprozesse abzielt.

Abfallvermeidung durch Öko- oder Materialeffizienz

Eine technisch orientierte Öko-Effizienz, genauer gesagt eine Materialeffizienz, kann dazu beitragen, dass durch intelligente Abläufe und technische Weiterentwicklung weniger Ressourcen zur Warenproduktion bzw. in der Warenverwendung benötigt werden, wodurch konsequenterweise auch weniger Abfall entsteht. Beispiele finden sich im klassischen Mehrwegsystem, wie wir es etwa von Getränkeflaschen kennen, oder in den Entwicklungen im Elektronikbereich (dieselbe oder mehr Leistung in immer kompakteren Geräten). Auch Langlebigkeit der Produkte durch Qualität und Reparaturfreundlichkeit tragen durch die Verlängerung der Nutzungsdauer zur Abfallvermeidung bei. Nicht zuletzt ist auch an den Materialeinsatz bei Verpackungen zu denken.

Abfallvermeidung durch immateriellen Konsum

Ein neuer Ansatz zur Abfallvermeidung wurde in den letzten Jahren von Prof. Gerhard Vogel an der Wirtschaftsuniversität Wien entwickelt. Dieser Ansatz heißt immaterieller Konsum. Vogel argumentiert dabei wie folgt:
Unsere Grundbedürfnisse, die nur materiell befriedigt werden können (Essen, Bekleidung, Wohnen, Infrastruktur), müssen befriedigt werden. Aber wir sollten uns fragen, wie wir unsere darüber hinausgehenden Bedürfnisse befriedigen wollen. Viele Menschen wählen auch über die Grundbedürfnisse hinaus eine materielle Bedürfnisbefriedigung, d. h. sich noch mehr Bekleidung, noch mehr Unterhaltungselektronik oder einfach noch

mehr Lebensmittel zu kaufen, als man eigentlich benötigen würde. Diese materiell orientierte Lebensweise führt über materiellen Konsum aber zwangsläufig zur Entstehung von Abfällen.

Konsum mit Mehr-Wert

Wird hingegen das verfügbare Einkommen für einen immateriellen Konsum ausgegeben, werden dadurch nicht nur die höheren Bedürfnisse des Menschen befriedigt, sondern auch Ressourcen geschont und Abfälle vermieden. Zusätzlich werden die lokalen Wirtschaftssysteme gestärkt, da Immaterielles, etwa ein Theaterabend, nur vor Ort „konsumiert" werden kann und die Wertschöpfung daher lokal erbracht werden muss.
So kann man sein Geld z. B. in Wellness und Gesundheit investieren (Massagen, Sport), in die Weiterbildung (Computerkurse, Sprachkurse oder das Erlernen eines Musikinstruments) oder sich im Kulturbereich engagieren – mit Theater-, Konzert- oder Opernabonnements, durch den Besuch von Ausstellungen und Museen.

Babyabfall: Windeln

Aus physiologischen Gründen entstehen bei der menschlichen Verdauung Stoffwechselprodukte, die einer Entsorgung zugeführt werden müssen. Dies passiert üblicherweise durch die Kanalisation, bei Neugeborenen ist dies aber klarerweise nicht möglich. Das zentrale abfallwirtschaftliche Thema der ersten Lebensjahre sind daher die Windeln. 4000 bis 6000 Einwegwindeln verbraucht jedes Kind, bevor es sauber ist. Daraus resultiert eine Abfallmasse von rund 1000 kg.
Aus Abfallanalysen, etwa des Wiener Restmülls, ist bekannt, dass rund 4 % der Masse des gesamten Restmülls alleine die Windeln ausmachen. Umgelegt auf Wien bedeutet dies, dass pro Jahr rund 20.000 Tonnen an Windeln als Abfall anfallen. Der Vollständigkeit halber sei an dieser Stelle angeführt, dass Windelabfälle nicht nur von ganz jungen, sondern auch von älteren Menschen herrühren können. Die Abfallzusammensetzung von Senioren- bzw. Pflegeheimen kann bis zu 70 % aus Windeln bestehen.

Windel-Recycling?

Benützte Einwegwindeln stellen aufgrund des Stoffgemisches aus Kunststoffen, Zellstoff und organischen Inhalten einen nicht

auftrennbaren Materialverbund dar, der (bisher) weder kompostiert noch auf eine andere Art und Weise recycelt werden kann. Benützte Einwegwindeln gehören daher zum Restmüll, der nur mehr einem mechanisch-biologischen Verfahren oder einer Restmüll-Verbrennung zur Entsorgung zugeführt werden kann.

Müllvermeidung beim Wickeln

Aus abfallwirtschaftlicher Sicht ist daher ein Mehrwegwindel-System zu empfehlen. Anstelle der o. a. Anzahl von 4000 bis 6000 Einwegwindeln reicht ein Set von 20 bis 30 waschbaren Mehrwegwindeln, um dem Baby eine einwandfreie Versorgung anzubieten.

Pro und contra Mehrwegwindel

Nicht übersehen werden darf allerdings, dass durch das erforderliche Waschen Wasser und Energie verbraucht werden und Abwässer entstehen. Mittlerweile wurden mehrere sog. Ökobilanzen durchgeführt, die eine Klärung der Frage „Was ist umweltfreundlicher – Wegwerfwindeln oder Mehrwegwindeln?" versucht haben.

In der Regel blieb es bei dem Versuch einer endgültigen Lösung, weil es einer der Nachteile der Methode der Ökobilanz ist, dass im Laufe der Analyse zahlreiche Annahmen zu treffen bzw. Systemgrenzen zu ziehen sind. Diese können sehr unterschiedlich sein, was zu entsprechend unterschiedlichen und nicht vergleichbaren Ergebnissen führt. Ein im Jahr 2005 mit großem Aufwand in Großbritannien durchgeführter ökobilanzieller Vergleich zwischen Einweg- und Mehrwegwindeln, die von einem kommerziellen Windeldienst gewaschen werden, zeigte, dass die Ergebnisse der Umweltbilanzen de facto gleich sind, so dass man weder die eine noch die andere Windelart besonders empfehlen könnte.
Klar für die Mehrweg-Variante sprechen die Kosten: Waschbare Stoffwindeln sind über ihre Einsatzzeit gerechnet um einige Hundert Euro billiger als Wegwerfwindeln, und viele Städte und Gemeinden fördern ihren Einsatz zusätzlich durch Gutscheine, mit denen solche Windeln vergünstigt erworben werden können. Allerdings bedeutet die Verwendung von Mehrweg-Stoffwindeln für die Eltern auch einen höheren Zeit- und Arbeitsaufwand.

Tipps

Grundsätzlich gilt: Abfallvermeidung vor Recycling vor Beseitigung. Und Abfallvermeidung beginnt im Kopf. Sie können sich fragen: Brauche ich, braucht mein Kind alles, was ich kaufe, was ich habe? Muss ich alles kaufen, was ich brauche?

Verzicht auf Werbegeschenke

- In vielen Spitälern erhalten frischgebackene Eltern zahlreiche Probepackungen und ganze Kisten voll mit Lotionen, Shampoos, Cremen etc. Verzichten Sie auf solche Werbegeschenke, da sich gerade die vielen kleinen Verpackungen zu einem großvolumigen Abfallberg auftürmen.

Alternative Geschenke

- Die Geburt eines Kindes bringt häufig Feiern und Geschenke mit sich. Weisen Sie die Schenkenden darauf hin, dass eine gewisse Ausstattung mit Spielzeug zwar wichtig ist, aber keinesfalls übertrieben werden sollte. Alternativ bieten sich immaterielle Geschenke an, die abfallvermeidend und langfristig angelegt sind. Dazu zählen z. B. Produkte aus dem Finanzbereich, Veranlagungen oder Bausparverträge, aber auch Zeitgeschenke – etwa Babysitting.

Babyaussttattung ausleihen

- Ein Baby wächst rasch. Immer wieder braucht es eine neue Ausstattung. Nicht alles aber muss man gleich kaufen. In vielen Bereichen funktioniert der Verleih sehr gut, etwa bei Babyschalen und Kindersitzen durch die Autofahrerclubs. Nach Gebrauch werden sie retourniert und gereinigt – die nächsten jungen Eltern freuen sich schon auf sie!
- Zu klein gewordene und gut erhaltene Bekleidung können Sie im Verwandtschafts- oder Bekanntenkreis verschenken, verkaufen oder tauschen, einer karitativen Organisation spenden oder auf Flohmärkten bzw. über Online-Portale verkaufen. Das Gleiche gilt für Spielzeug und Kinderwägen.

Ökowindeln

- Falls Sie sich für Wegwerfwindeln entscheiden, verwenden Sie Windeln aus ungebleichtem Zellstoff. Da entfällt der Bleichprozess, der Ressourcenverbrauch ist geringer. Diese Windeln sind dadurch ökologisch günstiger. Sowohl Ökowindeln als auch Mehrwegwindel-Systeme erhalten Sie im Fachhandel für Babyzubehör oder im Sanitätsfachhandel.

Auch wenn ein Baby bei weitem noch nicht die Abfallmenge eines Erwachsenen verursacht, sollten Sie als Eltern sich von Beginn an darauf einrichten, ihm ein Bewusstsein für Abfallvermeidung und kritischen Konsum zu vermitteln. Am besten lernt ein Kind immer noch am Beispiel der Eltern. Gelebte Verantwortung für die Natur und die kommenden Generationen kann dem Kind also im besten Wortsinn in die Wiege gelegt werden.

Michael K. Pieber

ING. MAG. MICHAEL K. PIEBER, Institut für Technologie und nachhaltiges Produktmanagement, Wirtschaftsuniversität Wien (Augasse 2–6, 1090 Wien).
E-Mail: michael.pieber@wu-wien.ac.at

WEITERFÜHRENDE LITERATUR UND LINKS

Vogel, G. (1984). Der Beitrag der Ressourcenökonomie zur Minimierung der Entropieproduktion der irreversiblen Wirtschaftsprozesse im offenen System Erde. Wien.
Vogel, G.: Abfallwirtschaft 1,2,3,4 (Skripten), Wien 1994.
Vogel, G. (2006). Sustainable Development. Wien.
Bilitewski, B., Härdtle, G., Marek, K. (1990). Abfallwirtschaft – Eine Einführung. Berlin, Heidelberg: Springer.
Scherhorn, G., Weber, C. (2003). Nachhaltiger Konsum. Auf dem Weg zur gesellschaftlichen Verankerung. Oekom-Verlag.

http://ec.europa.eu/environment/waste/index.htm (Informationen der Europäischen Kommission zum Thema Abfall)
http://www.umweltberatung.at (Informationen zu Abfallvermeidung, Mülltrennung und nachhaltigem Konsum)
www.umweltbildung.at (Basiswissen zu Abfall und Littering, dem Entsorgen von Müll ohne Inanspruchnahme eines dafür vorgesehenen Behältnisses)
http://www.arge.at/ (ARGE Abfallvermeidung, Ressourcenschonung und nachhaltige Entwicklung GmbH)
http://www.wien.gv.at/index/abfallvermeidung.htm (Webservice der Stadt Wien, u. a. mit Mistflohmarkt und Reparatur-, Verleih- und Gebrauchtwarenführer)
http://www.abfallvermeidung.at/ (Serviceangebot der niederösterreichischen Abfallverbände)
http://www.reparaturnetzwerk.at (Reparaturnetzwerk in Wien)
http://www.naturwindeln.de/index.php (Wissenswertes zum Thema Stoffwindel)
http://www.sueddeutsche.de/wissen/artikel/920/122752/print.html (Artikel zur Windelfrage: Ökobilanz am Baby-Popo)

13

Das gute Geld

Ethisch und ökologisch
sparen und anlegen

(Wolfgang Pinner)

„Das Geld, das man besitzt, ist das Mittel zur Freiheit;
dasjenige, dem man nachjagt, das Mittel zur Knechtschaft.“

(Jean-Jacques Rousseau, 1712–1778,
schweizerisch-französischer Schriftsteller, Philosoph und Pädagoge)

Die Geburt eines Kindes stellt die Eltern vor die Herausforderung, Verantwortung für die Zukunft und die Sicherheit des neuen Erdenbürgers zu übernehmen. Einen wichtigen Bereich bilden dabei finanzielle Aspekte. Häufig, aber nicht zwangsläufig, stehen Ökonomie und ökosoziale Grundsätze im Widerspruch zueinander. Mit der Eröffnung eines Kontos wird unser Geld in die globalen Finanzmärkte eingespeist. Dort, so heißt es, arbeite das Geld für uns. Aber Geld kann nicht arbeiten. Arbeiten können nur Menschen, gegebenenfalls auch Tiere oder Maschinen. Den Weg unseres Geldes säumen daher Menschen, auch Kinder, die tagtäglich schuften, um unser Geld zu vermehren, und selbst dabei arm bleiben. „Global Player" grasen Länder ab wie Weiden, pfeifen auf die Menschen und auf die Umwelt sowieso – und alles zum Wohl der Aktionäre. Kurzfristige Gewinnmaximierungsziele sind Haupthindernisse einer nachhaltigen Entwicklung. Betroffen sind wir alle, denn die oft zitierte Finanzkrise ist eigentlich eine Gesellschaftskrise, die wir durch unsere Anlageentscheidungen beeinflussen können. Nachhaltiges Investment bietet einen Ausweg an.

Worum es geht

Die Macht des Sparers

Mit der Devise „Kein Geld für Rüstung und Apartheid" wurde in den 70er Jahren die Grundidee des ethischen Investments geboren. In den 80er Jahren kamen ökologische Aspekte hinzu. Heute motivieren auch Globalisierungskritik und der Irrsinn spekulativer Finanzgeschäfte zu ethisch orientierten Investments. Grundlage des Finanzsystems sind private Anleger, die damit große Macht in ihren Händen haben. Mit zweckgebundenen Sparbriefen alternativer, ethisch orientierter Banken investiert der Sparer direkt in soziale und ökologische Projekte. Aber auch mit ethischen Investmentfonds investiert man in eine nachhaltige Entwicklung. Gewinne an der Börse müssen nichts Böses sein! Es liegt an den

Anlegern selbst, mit Geld verantwortungsbewusst umzugehen. Investoren, die eben nicht nur auf rein kurzfristige und finanzielle Aspekte Wert legen, haben oft die Nase vorn. Unternehmen müssen mit ihrem Umfeld korrekt umgehen, und zwar hinsichtlich der Verantwortung als auch hinsichtlich einer langfristig gedeihlichen Koexistenz. Daraus resultiert das Konzept der „doppelten Dividende" – Ertrag für den Anleger und Zusatzertrag für Umwelt und Soziales.

Ökologisch und sozial vertretbare Investments

Der Trend zu ökologisch und sozial vertretbaren Investments ist weltweit spürbar, aber noch nicht überall gleich stark ausgeprägt. In Europa waren Ende 2006 bereits 137 Mrd. Euro in nachhaltigen Fonds investiert. Betreffend die Dichte nachhaltiger Mandate nimmt Belgien eine führende Rolle ein. Gemessen am gesamten Fondsvolumen war dort 2007 jeder zwanzigste Euro in einem Nachhaltigkeitsfonds angelegt. In Österreich beträgt das Volumen nachhaltiger Fondsinvestments etwa eine Milliarde Euro (von 164 Mrd. Euro Gesamtfondsvolumen).

Fachliche Hintergründe

Die soziale Verantwortung der Wirtschaft

In seinem Artikel „The Social Responsibility of Business Is to Increase Its Profits" argumentiert der US-amerikanische Ökonom und Nobelpreisträger Milton Friedman, dass „die einzige Verantwortung, die der Wirtschaft bzw. dem Unternehmen zugeschrieben werden kann, in Richtung einer Erhöhung des Profits gerichtet sein muss". Diese Haltung ist aus heutiger Sicht nicht mehr aufrechtzuerhalten.

Corporate Social Responsibility (CSR)

Die „Corporate Social Responsibility" (CSR)-Pyramide zeigt die prinzipiell vorhandenen Verantwortungsbereiche der Wirtschaft und deren Ranking. Neben ökonomischen und gesetzlichen gibt es ethische und philanthropische Verantwortungsbereiche.

Corporate Social Responsibility-Pyramide
(Quelle: Carrol, 1991 S. 42*)

* Carroll, A. B. (1991). The Pyramid of Corporate Social Responsibility: Toward the Moral Management of Organisational Stakeholders, Business Horizons, 34, 4, S. 39–48.

CSR aus Sicht der nachhaltigen Veranlagung

Aus Sicht der nachhaltigen Veranlagung sollten Unternehmen zumindest drei Arten von Verantwortung akzeptieren und befolgen – die ökonomische, legale (gesetzliche) und ethische. Umso mehr ein Unternehmen seine ökonomische und legale Verantwortung „übererfüllt", desto besser ist sein CSR-Ranking und desto attraktiver wird es für nachhaltige Investitionsentscheidungen bzw. für ein SRI-Portfolio, einer Bündelung nachhaltiger Investitionen.

Socially Responsible Investment – SRI: nachhaltiges Investment

Nachhaltiges Investment, SRI oder „Socially Responsible Investment" basiert auf einer dreidimensionalen Analyse. Nachhaltige Veranlagung fokussiert nicht nur auf kurzfristige finanzielle Wertzuwächse, sondern betrachtet auch soziale und Umweltaspekte. Man investiert also in Unternehmen, die versuchen, negative, unsere Umwelt schädigende Auswirkungen zu minimieren, und stattdessen positive, nachhaltige Akzente setzen.

Der Stakeholder als Anspruchsberechtigter

Als Stakeholder bezeichnet man Anspruchsberechtigte eines Unternehmens, welche die Unternehmensziele mitbeeinflussen können. Themen, die sie betreffen, sind in der Regel auch von ethischem Belang, weil sie Verpflichtungen gegenüber wesentlichen Stakeholder-Gruppen umfassen. Konsumenten, Aktionäre, Mitarbeiter und die Gesellschaft sind wahrscheinlich die wesentlichsten Anspruchsgruppen jeder Organisation innerhalb eines Stakeholder-Netzwerks. Man kann argumentieren, dass keine Gruppen für ein Unternehmen von größerer Bedeutung sein können als „diejenigen, die Güter herstellen lassen, diejenigen, die sie selbst produzieren, diejenigen, die sie kaufen und schließlich der Platz, wo die Güter hergestellt werden"*.

SRI – Beziehungsgeflecht zwischen Stakeholdergruppen, Investoren und Unternehmen (Quelle: Pinner, 2003, S. 993**)

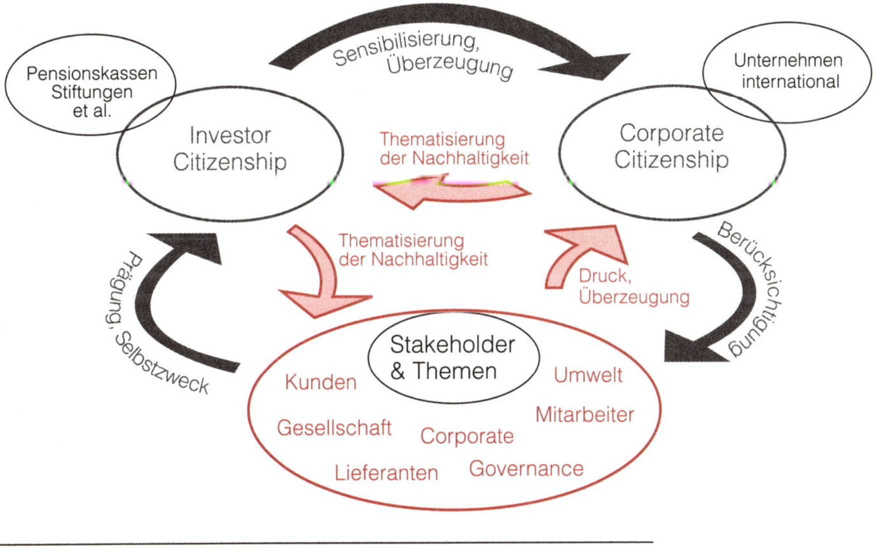

* Trevino, L., Nelson, K. (2007). Managing Business Ethics. Wiley, Hoboken.
** Pinner, W. (2003). Ethical Investments (Ethische Investments). Gabler, Wiesbaden.

Stakeholderbeziehungen als Grundlage von Nachhaltigkeits-Bewertungen

Die Beurteilung von Stakeholderbeziehungen ist der Kernbereich von SRI-Ratings. SRI-Rating-Agenturen beurteilen die Stakeholderbeziehungen von Unternehmen als „außerfinanzielle Bereiche" (extrafinancial Items). Auf diese Weise versuchen sie, das Potential für eine nachhaltige zukünftige Entwicklung einzuschätzen.

Das Prinzip des unternehmerischen Sozialvertrags

Theoretisch kann jedes Unternehmen als ein soziales Gebilde gesehen werden, dessen „Mandat und Einschränkungen von der Gesellschaft festgelegt werden"*. Die Idee eines „unternehmerischen Sozialvertrages" wurde in der zweiten Hälfte des zwanzigsten Jahrhunderts geboren. Das Prinzip eines Sozialvertrages besagt, dass eine Firma indirekte soziale Verpflichtungen gegenüber ihren Stakeholdern hat. Verantwortungsvolle Investoren, verantwortungsvolle Unternehmen und alle Stakeholder bilden eine „Einheit der Nachhaltigkeit"**. Investoren können sich aktiv einsetzen und Unternehmen von nachhaltigen Zielsetzungen überzeugen. Umgekehrt ist es auch denkbar, dass Unternehmen von sich aus beginnen, an ihrer CSR-Strategie zu arbeiten und diese an ihre Investoren zu kommunizieren.

Das Vorurteil der schlechten Wertentwicklung

Das Vorurteil, dass sich Kapitalanlagen, die nach einem SRI-Ansatz gemanagt werden, negativ oder schlechter als der Marktindex entwickeln (negative oder Under-Performance), findet in den letzten akademischen Studien keine Unterstützung.

* De George, R. (2006). Business Ethics. 6th Ed. Pearson, New Jersey.
** Pinner, W. (2003). Ethical Investments (Ethische Investments). Gabler, Wiesbaden.

Prinzipiell existieren in der Theorie fünf verschiedene Argumente für oder gegen nachhaltiges oder ethisches Investment.

Fünf Argumente zum nachhaltigen Investment

Fünf Argumente zu SRI (Quelle: Sparkes, 1995*)

Argument	Argument im Detail	Beurteilung des Effekts auf die finanzielle Performance
diversification effect	Nachhaltige Portfolios weisen durch ihre beschränkten Möglichkeiten eine geringere Vielfalt aus und reduzieren damit ihre Ertragsaussichten.	Wird meist negativ interpretiert. Gegenargument: Jeder aktive Fonds-Manager trifft eine Auswahl, wenn er sein Portfolio zusammenstellt.
small companies effect	Investoren tendieren dazu, große Konzerne als Investment zu meiden, und konzentrieren sich auf kleinere Unternehmen.	Wird langfristig positiv, kurzfristig neutral gesehen, abhängig von der relativen Performance von Small-caps (Aktien mit geringer Kapitalisierung, meist auf Marktnischen spezialisiert) in einer gewissen Periode.
anticipation effect	Investoren tendieren dazu, mögliche spätere gesetzliche Vorgaben und finanzielle Probleme auf Basis ihrer Kriterien vorwegzunehmen.	Wird auf lange Sicht eher positiv beurteilt, aber als Argument bezüglich kurzfristiger Underperformance verwendet.
information effect	Nachhaltiges Investment basiert auf einem höheren Level von Information zum Unternehmen als konventionelle Investments.	Wird positiv beurteilt, aber macht teuren Analyseprozess notwendig.
positive selection effect	Die Kriterien führen zu Investments in gut geführte Unternehmen.	Positiver Effekt.

* Sparkes, R. (1995). The Ethical Investor. Harper Collins, London.

Ökosoziale Kriterien machen sich bezahlt!

Eine Meta-Analyse von Orlitzky, Schmidt & Rynes*, die das Verhältnis zwischen der sozial/ökologischen Performance (Corporate Social/Environmental Performance, CSP) und der finanziellen Performance (Corporate Financial Performance, CFP) von Unternehmen analysierten, legt den Schluss nahe, dass sich unternehmerische Tugend in Form von unternehmerischer sozialer Verantwortung (Social Responsibility) und – in geringerem Umfang – ökologischer Verantwortung für Unternehmen bezahlt macht. CSP scheint mit CFP in einem positiven wechselseitigen Zusammenhang zu stehen. Der Unternehmensreputation scheint für den Zusammenhang zwischen CSP und CFP eine wesentliche Vermittlerrolle zuzukommen.

Tipps

Sparbücher

- Nachhaltig investieren kann man nicht nur an der Börse. Ethisch motivierte Banken bieten z. B. an nachhaltige Zwecke gebundene Sparbücher an, die sich bestens als Geschenk (von PatInnen, Großeltern) anlässlich der Geburt eines Kindes eignen.

Haushaltsinvestition

- Auch alltäglichen Haushaltsinvestitionen und Kaufentscheidungen kann man nachhaltig orientierte Kriterien zugrunde legen. Recherchieren Sie z. B. bei größeren Investitionen, ob ein Unternehmen, dessen Produkt Sie kaufen wollen, einen Nachhaltigkeitsbericht offenlegt.
- Langlebige Produkte bringen einen „Return on Investment“ für Geldbörse und Umwelt. Mit Fairtrade-Produkten berücksichtigen Sie neben sozialen auch ökologische Kriterien.

Ökostrom

- Strom zahlen Sie ohnehin – warum nicht beim Öko-Strom-Anbieter? Oder: Investieren Sie statt Geld auch mal Zeit, und erleben Sie den „Return“ von sozialem Engagement.

---

* Orlitzky, M. et al. (2003). Corporate Social and Financial Performance: A Meta-analysis. London: Sage Publications.

Bei der Auswahl von nachhaltigen Investmentprodukten sollte der Anleger neben den rein finanziellen noch zusätzliche Kriterien für ein langfristiges Investment beachten:

Kriterien für langfristige Investments

- Wie geht das Unternehmen mit seinen Stakeholdern um?
- Welche Umweltinitiativen zeigt das Unternehmen?
- Wie stark ist die „Corporate Governance“ (Verantwortung, Transparenz, Nachhaltigkeit der Unternehmensführung) im Unternehmen ausgeprägt?

Im Fall von Einzelaktien macht es Sinn, sich im Internet schlauzumachen und sowohl die Homepage des Unternehmens als auch Berichte von Finanzmedien und gegebenenfalls NGOs durchzusehen.

Aktien

Im Fall von Fonds können Sie sich entweder an Ihren Anlageberater wenden oder wiederum selbst nachforschen. In einschlägiger Literatur finden Sie einige wesentliche Daten beziehungsweise den Verweis auf die Homepage des Anbieters. Auch unabhängige Portale für nachhaltiges Investment bieten Detailinformationen. Interessant sind beispielsweise:

Fonds

- Ist der Anbieter mit dem Thema seit längerer Zeit ernsthaft beschäftigt oder lediglich Trittbrettfahrer? – Suchen Sie nach dem Startdatum des Fonds in der Fondsliste.
- Verfügt der Anbieter über genügend Daten zur Nachhaltigkeit, hat er selbst Analysekapazitäten oder kauft er diese zu? – Ein ausgewogener Mix aus internen und externen Quellen ist optimal.
- Konnte die erzielte Performance die Erwartungshaltung erfüllen?

Mit nachhaltigen Investitionen setzen Sie einen Schritt in Richtung einer nachhaltigen Entwicklung. Sie gewinnen fair und tragen zur Bewahrung der Schöpfung, der Lebensgrundlage Ihres Kindes bei. Und langfristig ist soziale Gerechtigkeit auch ein Beitrag zur Friedenssicherung in der Welt, in die Ihr Kind geboren wurde.

Wolfgang Pinner

MAG. WOLFGANG PINNER beschäftigt sich mit dem Thema ethisch-nachhaltige Veranlagungen seit vielen Jahren und hat bereits zwei Bücher zum Thema publiziert.

WEITERFÜHRENDE LITERATUR & LINKS

Pinner, W. (2008). Nachhaltig investieren und gewinnen. Linde.
ÖkoInvest. Investment mit Verantwortung und Erfolg. Zeitschrift, erhältlich bei Öko-Invest Verlags-GmbH, Schweizertalstr. 8–10/5/1, 1130 Wien, Fax: +43 1 315696-1, E-Mail: oeko-invest@teleweb.at

www.nachhaltiges-investment.org (unabhängiges Portal zum nachhaltigen Investment)

14

Our Footprints

Vom ökologischen Fußabdruck zur gerechten Bilanz

(Silvester Ölzant, Wolfgang Pekny, Georg Zimmermann)

„Eines ist es, die Erde nur zu nutzen, ein anderes, den Segen der Erde zu empfangen und im Gesetz dieser Empfängnis heimisch zu werden, um das Geheimnis des Seins zu hüten und über die Unverletzlichkeit des Möglichen zu wachen."

(Martin Heidegger, 1889–1976)

Wie geleite ich mein Kind durch mein Vorbild zu einem nachhaltigen Lebensstil? Ihnen Antworten auf diese Frage zu geben, ist das zentrale Anliegen dieses Buches. Zahlreiche Themen wurden bereits angesprochen. Eines sollte klar geworden sein: Die Verantwortung für die Zukunft unserer Welt können wir nicht an unsere Kinder abgeben, im Gegenteil: Die Kinder sind uns anvertraut, und es liegt an uns, die Weichen für eine lebenswerte Zukunft zu stellen. Nachdem in den vorangegangenen Kapiteln viele einzelne und miteinander verbundene Aspekte dieses Themas beleuchtet wurden, wollen wir Ihnen jetzt zeigen, wie Sie für Ihr konkretes Leben immer wieder auch so etwas wie eine allgemeine „Zwischenbilanz" in ökosozialer Hinsicht ziehen können.

Worum es geht

Hilfen für einen nachhaltigen Lebensstil

Jeder Mensch hat das Bedürfnis, auch die „Früchte" seiner Taten zu sehen. Bestätigung und Feedback sind wichtig für die eigene Orientierung. Sie lenken unseren Einsatz und motivieren uns zugleich immer wieder neu. So ist es sehr verständlich, dass wir auch die Auswirkungen unseres sozialen und ökologischen Engagements sehen, ja, „messen" wollen. Das zeigt sich etwa in folgenden Fragen:

- Wo stehe ich heute?
- Was bringt diese oder jene Veränderung meines Lebensstils?
- Was steht als Nächstes an?

Wenn wir z. B. eine Zeitlang ganz bewusst Strom gespart haben, so ist die erste, tatsächlich niedrigere Stromrechnung ein echtes Erfolgserlebnis. Wir fühlen uns in unserem Handeln bestätigt – das Ergebnis unserer Bemühungen steht Schwarz auf Weiß auf dem Papier. Die Lust auf weitere derartige „Erfolgserlebnisse" steigt. Konkrete Resultate sind ein wichtiger Ansporn zum Weitermachen! In vielen anderen Bereichen ist ökologisches und soziales Handeln freilich nicht so leicht quantifizierbar wie die eingesparten Kilowattstunden auf der Stromrechnung. Sobald nämlich mehrere Komponenten zu berücksichtigen sind, werden die Zusammenhänge schnell sehr komplex. Dennoch gibt es aber auch hier Wege, wie wir die Auswirkungen unseres Lebensstils bzw. die Folgen von Veränderungen in unserem täglichen Handeln messbar machen können. Zwei Möglichkeiten sollen hier vorgestellt werden:

Fachliche Hintergründe

Der ökologische Fußabdruck

Alles Leben braucht Raum

Derzeit leben ungefähr 6,5 Mrd. Menschen auf unserem Planeten. Bei der Größe der nutzbaren Erdoberfläche stehen somit für jeden von uns ungefähr 1,8 Hektar zu Verfügung. Alles, was der Mensch braucht und was es im Supermarkt zu kaufen gibt, benötigt Fläche unserer Erde, um zu entstehen oder produziert zu werden. Und schließlich brauchen auch Müll und Abgase ihren Platz, um wieder unschädlich gemacht zu werden.

Die Wissenschaftler William Rees und Mathis Wackernagel haben 1994 den „ökologischen Fußabdruck" als Maß für diesen Flächenverbrauch vorgeschlagen. Gemessen wird er in „Global Hektar", wobei ein solcher Hektar dem Bedarf von einem Hektar (10.000 m^2) Landfläche entspricht.

Während der Flächenverbrauch für 1 kg Kartoffeln noch relativ einfach errechenbar ist, ist es bei Strom- und Ölverbrauch schon schwieriger – aber möglich.

Die Aufteilung des Lebensraums

Bei unserem heutigen Lebensstil beansprucht ein Österreicher nach diesem Berechnungsschema eine Fläche von 4,9 Hektar, also weit mehr, als ihm zusteht. Würden alle 6,5 Mrd. Menschen unseren Lebensstil führen wollen, bräuchten wir fast 3 Planeten! Für den Lebensstil der US-Bürger wären sogar 5 Planeten notwendig! Da unsere Erde nicht wachsen wird, kann der noch steigende Verbrauch von Ressourcen in den reichen Nationen nur zu einem Mangel anderswo führen. Während ¼ der Menschheit ¾ der Ressourcen für sich beansprucht, müssen ¾ der Menschheit sowie die gesamte wildlebende Fauna mit dem verbleibenden Viertel auskommen. Es ist eine Illusion anzunehmen, bei entsprechender wirtschaftlicher Entwicklung könnten alle Menschen einen ähnlichen Wohlstand erreichen. Mit unseren unangemessen hohen Ansprüchen verdammen wir einen Großteil unserer Mitmenschen zu einem Leben in Elend! Unser heutiges System ist nicht mehr nachhaltig, oder anders gesagt, nicht zukunftsfähig!

1,8 ha pro Person: Leben innerhalb der ökologischen Grenzen

Es stehen uns pro Kopf nur 1,8 Hektar zu, jedoch beanspruchen wir derzeit 4,9 Hektar! Wir nehmen uns fast das Dreifache von dem, was uns zusteht!

Was müssen wir tun, damit wir alle eine Chance für die Zukunft haben? Wir kommen nicht umhin, unseren ökologischen Fußabdruck zu verkleinern, d. h. weniger Ressourcen zu verbrauchen! Wir müssen überdenken, was wir unter „gutem Leben" verstehen. Ziel sollte es sein, gut und glücklich leben zu können – innerhalb der ökologischen Grenzen unseres Planeten. Bei den heutigen Rahmenbedingungen in den Industrieländern ist es dem Einzelnen nur mit großem Einsatz und einiger Bescheidenheit möglich, mit dem Footprint von 1,8 Hektar auszukommen. Doch eine deutliche Verbesserung ist auf jeden Fall erzielbar!

Berechnen Sie Ihren Fußabdruck!

Der WWF hat in Zusammenarbeit mit dem SERI (Sustainable Europe Research Institute) einen Online-Fragebogen erstellt, mit welchem man durch einige Fragen über den eigenen Lebensstil ermitteln kann, wie groß der eigene ökologische Fußabdruck ist. Versuchen Sie es selbst! **www.wwf.at/konsum; www.fussabdruck.at; www.footprint.at; www.footprint.ch**

Bilanzen der Gerechtigkeit

Die Begrenztheit der Dinge

Im Schatten der immer wieder aufflammenden Konflikte auf verschiedenen Schauplätzen der Welt wird oft vergessen, dass solche Auseinandersetzungen fast immer aus Ressourcenknappheit bzw. aus Interesse an der Kontrolle über Ressourcen geführt werden, und nicht aus religiösen Motiven. Wasserknappheit, verseuchte Böden, überfischte Ozeane und dadurch bedingter Verlust an Lebensgrundlagen sind der primäre Auslöser für Gewalt und Gegengewalt. In unserer überfütterten Erste-Welt-Gesellschaft klingt der Begriff Ressourcenmangel jedoch schon fast abstrakt. Er äußert sich bestenfalls dadurch, dass der chilenische Wein oder die japanischen Reiscracker in unserem Lieblingssupermarkt gerade nicht vorrätig sind.

Macht Verzicht Sinn?

Doch macht es für uns überhaupt Sinn, wenn wir auf Dinge verzichten, die nicht lebensnotwendig sind? Können wir etwas in der Welt bewegen, wenn die eigentlichen Probleme nicht bei uns liegen, sondern viele tausend Kilometer entfernt? Bin ich als Einzelner in der Lage, etwas zu verändern? Wir dürfen nicht vergessen: Was im Kleinen beginnt, kann im Großen enden.

Bilanzen der Gerechtigkeit

Die „Bilanzen der Gerechtigkeit" (BiGe) fordern uns als Individuen heraus, aus dem Alltagstrott herauszutreten und eine Änderung unserer festgefahrenen Lebensgewohnheiten zu erreichen. Durch sie schaffen wir eine gemeinsame Richtung, sozusagen ein Leitbild für all jene, die sich dem Gedanken des nachhaltigen Lebensstiles verbunden fühlen, denen aber bisher die Umsetzungsmöglichkeit fehlte. In Anbetracht der transparenten und leicht nachvollziehbaren Methodik und der großen Effektivität, die den BiGe zugrunde liegen, soll damit aber auch ein großer Teil derjenigen Personen angesprochen werde, die Selbstkontrolle und Verhaltensänderungen üblicherweise nur mit Mühsal verbunden sehen.

Die „Bilanzen der Gerechtigkeit" starteten in Italien auf Initiative von Don Gianni Fazzini und bisher haben rund 600 Familien oder Einzelpersonen daran teilgenommen. Die ARGE Schöpfungsverantwortung hat die Idee übernommen und eine entsprechende Initiative in Österreich gestartet.

Schritte der Veränderung

Das Führen von Bilanzen in Ihrem Haushalt (Ihrer Einrichtung) ist Ihnen bestimmt aus dem täglichen Leben bekannt. Die BiGe helfen Ihnen jedoch konkret dabei, Ihre Konsum- und Lebensstilgewohnheiten bewusst und auf Dauer zu einer nachhaltigen Lebensweise umzustellen. Sie sollen Ihnen dabei helfen, die eigenen Lebens- und Konsumweisen auf Nachhaltigkeit hin zu überprüfen und bewusst Schritte der Veränderung zu setzen. Dabei sind unter „nachhaltig" solche Ausgaben bzw. Verhaltensweisen zu verstehen, die bestimmten Mindestkriterien hinsichtlich Umwelt- und Sozialverträglichkeit entsprechen.

Tipps

Werden Sie BilanzistIn!

- Erlangen Sie durch Aufzeichnung Ihrer Konsumausgaben mittels strukturiertem Fragebogen Selbstkontrolle über getätigte Ausgaben.
- Eröffnen Sie sich eine neue, positive Konsumwelt, indem Sie in selbstgewählten Schritten Ziele in Richtung nachhaltigem Konsum realisieren.
- Durch die Teilnahme an einer wissenschaftlichen Auswertung (in Zusammenarbeit mit dem Institut für Technologie und Warenwirtschaftslehre der Wirtschaftsuniversität Wien) erhalten Sie Feedback über die aufgezeichneten Daten.

Die ARGE Schöpfungsverantwortung lädt zur Teilnahme an den „Bilanzen der Gerechtigkeit" ein!

Silvester Ölzant, Wolfgang Pekny, Georg Zimmermann

DR. SILVESTER ÖLZANT, Biologe; Mitarbeiter am Department für Pharmakognosie an der Universität Wien; Organisation und Gestaltung von naturwissenschaftlichen Ausstellungen.

WOLFGANG PEKNY, Studium der Biologie und Chemie an der Universität Wien; intensives Engagement im Umweltschutz; 1980–2008 hauptberuflich Kampagnenleiter bei Greenpeace; Experte für Biodiversität, „Global Commons", Völkerrecht, Ökobilanzen, Ökologischer Fußabdruck und „Fair Future"; seit 2007 Geschäftsführer der von ihm begründeten „Plattform Footprint" und Obmann der „Initiative Zivilgesellschaft".

MAG. GEORG ZIMMERMANN, MSc, Biologe; war mehrere Jahre als wissenschaftlicher Mitarbeiter an der Universität Wien sowie als Erwachsenenbildner und Information Broker tätig und arbeitet derzeit als Wissensmanager in einer Unternehmensberatung. Daneben ist er seit vielen Jahren als Berater für die ARGE Schöpfungsverantwortung tätig und war in dieser Funktion an mehreren Umweltprojekten beteiligt.

Kontakt:
ARGE Schöpfungsverantwortung
Don Bosco Haus, Sankt-Veit-Gasse 25, 1130 Wien
www.argeschoepfung.at, E-Mail: office@argeschoepfung.at
Tel: +43 660 76 000 08 oder +43 1 878 39 539

Plattform Footprint
www.footprint.at

Initiative Zivilgesellschaft
www.initiative-zivilgesellschaft.at

Anhang I

Taufe und Patenschaft

Tradition und Verantwortung der Patenschaft

In allen Kulturen und Geschichtsepochen gab und gibt es Patenschaften für Kinder. Diese Tradition erwuchs aus jenen Zeiten, in denen vor allem die Müttersterblichkeit extrem hoch war und auch die Lebensspanne sehr viel kürzer gewesen ist. Eltern suchten schon vor der Geburt eine Patin oder einen Paten, sehr häufig geschlechtsspezifisch aus, der oder die zur Erziehungsunterstützung, als Leit- und Vorbild und allfällig an Eltern statt einzuspringen hatte, wenn ein Kind zum Waisen wurde. So gesehen ist die Übernahme einer Patenschaft von hoher Verantwortung getragen. In der christlichen Welt hat sie noch eine besondere Aufgabe, nämlich verantwortungsvoll die hohen Ideale der Religion nahezubringen und zu überwachen.

Patenschaft im christlichen Glauben

Mit der Taufe wird das Kind in die christliche Gemeinschaft aufgenommen. Der/die PatIn bejaht an Kindes statt den Eintritt in die Gemeinschaft und übernimmt so mit die Verantwortung, bis das Kind die Reife erreicht hat, das Taufbekenntnis in der Firmung eigenständig zu wiederholen. Von Seiten der Kirche wird von den PatInnen erwartet, dass auch die Eltern immer wieder an ihre christlichen Pflichten in der Erziehung erinnert werden.

Was sind nun jene Erziehungspflichten, die von Eltern und PatInnen bewusst eingehalten werden sollen?

Ethische Aufgabe

Da ist einmal die hohe ethische Aufgabe, dem Kind das Imitationslernen zu ermöglichen, indem ein entsprechendes vorbildhaftes Leben geführt wird. In diesem soll Achtung und Würde vor dem anderen, Toleranz vor dem Andersseienden, Gemeinschafts- und Mitgefühl für den Nächsten und Wärme, Liebe und Zärtlichkeit zur Harmonie im Gefühls- und Sozialleben angestrebt werden.

Schutzaufgabe

Weiters sind die Schutzmaßnahmen für das Kind zu garantieren, die dem Kind angstmindernd Sicherheit geben und die Gewissheit, beschützt zu sein.

Christliche Aufgabe

Im christlichen Leben sind die Inhalte des ältesten Gesetzbuches zu vermitteln, nämlich die zehn Gebote. Die Richtlinien, die in der Bergpredigt und im Gebot „Du sollst deinen Nächsten lieben, wie dich selbst" gefasst sind, sollen als Leitgedanken dienen.

Voraussetzung: Werte und Liebe

Um all dies verwirklichen zu können, bedarf es der eigenen Festigkeit, der immer wiederholten Reflexion der eigenen Wertewelt und der Zivilcourage, den eigenen Glauben zu vertreten und auch zu verteidigen. Dies wird in einer säkularisierten Welt immer schwerer, da in einer globalisierten schnelllebigen Konsumwelt der Gewinnmaximierung breiter Raum gegeben wird. Gerade die Enzyklika von Benedikt XVI. über die unterschiedlichen Formen der Liebe sollte uns bewusst machen, welche Eltern-Kind-Liebe und welche Nächstenliebe, aber auch jene zum Allerhöchsten unser Leben bereichert. Vielleicht kann man PatInnen und Eltern ins Stammbuch des Lebens schreiben, ohne blasphemisch zu sein: „Du sollst deine Kinder achten und ehren, auf dass es dir wohl ergehe im Alter auf Erden" und vice versa. In der Nächstenliebe sollte jene Bescheidung verborgen liegen, die den Menschen nach dem Optimum und nicht nach dem Maximum streben lässt. Hinzu gehört auch die Bereitschaft des Teilens, wenn man das Glück hat, in sozialem Frieden, Sicherheit und Wohlstand leben zu dürfen.

Der/die PatIn als Identifikationsgestalt und Vertrauensperson

Beherzigen Eltern und PatInnen diese Grundgedanken, so werden sie zu Identifikationsgestalten des Kindes, denen es gilt nachzueifern. Der/die PatIn möge so zur Vertrauensperson des Kindes werden, die zweifellos durch kleine Geschenke die kindliche Beziehung festigt und manchmal als neutrale/r AnsprechpartnerIn für das Kind zur Verfügung steht, besonders dann, wenn die Eltern-Kind-Beziehung sich lebensaltertypisch konflikthaft gestaltet.

Mögen diese Gedanken zur Nachdenklichkeit anregen und bei Eltern und PatInnen auf fruchtbaren Boden fallen.

Max H. Friedrich

UNIV.-PROF. DR. MAX H. FRIEDRICH, seit 1995 ordentlicher Universitätsprofessor und Vorstand der Universitätsklinik für Psychiatrie des Kindes- und Jugendalters, Allgemeines Krankenhaus der Stadt Wien – Universitätskliniken; mannigfache nationale und internationale gremiale Funktionen; zahlreiche Publikationen.

Anhang II

Die Tauffeier – Vorschläge zur liturgischen Gestaltung

Die Feier der Taufe ist von vielen Symbolen und Riten geprägt, die eine tiefe Wirklichkeit und Wahrheit ausdrücken. Auch in anderen Religionen werden Rituale am Beginn eines neuen Lebens gefeiert. Für die (Kinder-)Taufe gibt es einen festgelegten Ritus, doch besteht die Möglichkeit, diesen persönlich, kreativ und kindergerecht zu gestalten.

Feiern als Gemeinde

Es ist sinnvoll, bei der Feier der Taufe auch die Taufgemeinde, besonders die Kinder, mit einzubeziehen.

Liturgieheft

Viele Eltern gestalten für die Tauffeier ein Liturgieheft mit den Liedern und Gebeten sowie mit dem Ablauf der Taufe. Oft werden Fotos vom Täufling in das Liturgieheft eingearbeitet.

Gestaltung der Liturgie

Für die Gestaltung der Liturgie ist es wichtig, das Gespräch mit dem Taufspender zu suchen. Die meisten Seelsorger sind dankbar, wenn Eltern und PatInnen Ideen und Engagement einbringen. Im folgenden Teil finden Sie ausgewählte Impulse zur Gestaltung der Taufliturgie.

Die Tauf-Liturgie unterteilt sich in folgende vier Abschnitte: Eröffnung, Wortgottesdienst, Spendung der Taufe und Abschluss.

ERÖFFNUNG

Das Symbol der „offenen Tür“

Die Eröffnung findet in der Regel vor dem Kirchenportal statt. Mir ist dabei das Symbol der „offenen Tür“ wichtig. Als Priester öffne ich selber die (Kirchen-)Tür und drücke damit aus, dass ich mich über das neue Mitglied in der Gemeinschaft der Kirche freue. Die Taufgemeinde ist eingeladen, dem Täufling die Tür zum Glauben zu öffnen.

WORTGOTTESDIENST

Die Eltern als „Erstverkünder" des Evangeliums

Beim Wortgottesdienst lesen die Eltern das Wort Gottes aus der Bibel, denn die Eltern sind für das Kind die Erstverkünder des Evangeliums.

NamenspatronIn

Vor der Anrufung der Heiligen wird etwas über das Leben und die Spiritualität des Namenspatrons bzw. der Namenspatronin erzählt.

Heiligenlitanei

Der Täufling wird aufgenommen in die Gemeinschaft der Kirche, dazu werden die Heiligen angerufen. Nach der Reihe spricht jeder seinen Vornamen und alle antworten: „Bitte für uns", oder die Namen der Heiligen werden von einer Person vorgebetet.

Fürbitten mit Sonnenstrahlen

Auf den Altar wird eine Kerze (Taufkerze) gestellt. Die Fürbitten werden auf lange gelbe Kartonstreifen geschrieben und unter der Taufgemeinde verteilt. Nach dem Vortragen der Bitte wird diese als Sonnenstrahl an die Kerze gelegt, so dass mit der Zeit rund um die Kerze eine Sonne entsteht.

TAUFSPENDUNG

Gebet der PatInnen

Der dritte Abschnitt könnte mit einem Gebet der PatInnen (oder der Großeltern) begonnen werden.

Beispiel – Gebet „Wassertropfen":
Liebe(r) N., du bist für mich wie ein Wassertropfen Gottes. Du bist klein, zart, weich und beweglich. Und schon spiegelt sich das Licht in dir. Als PatIn möchte ich dich an meinem Lebensfluss teilhaben lassen. Gott möge es fügen, dass du vielen begegnest,

die mit dir in die gleiche Richtung strömen, und dadurch viel Freude in Fluss kommt. Wo immer du hinkommst, möge Leben entstehen, und du selbst ein lebendiger Mensch werden. Amen

Tauferneuerung

In der Tauferneuerung erneuern wir unseren Glauben, indem wir uns persönlich zu Gott bekennen.

Beispiel – Tauferneuerung mit den großen biblischen Zeugen des Glaubens in der Heilsgeschichte:
Jemand von der Taufgemeinde betet die einzelnen Abschnitte vor. Alle bekennen nach jedem biblischen Zeugen: „Ich glaube an Gott."

- Lass mich an dich glauben, wie Vater Abraham es tat. Er war bereit, seine Vergangenheit (Vaterland, Sippe) und seine Zukunft (den einzigen Sohn Isaak) loszulassen und in die Hände Gottes zu legen. (Gen 12ff)

- Lass mich an dich glauben, wie Mose es tat. Er führte das Volk Israel aus der Sklaverei Ägyptens in das Gelobte Land und sang dem Herrn ein Lied: Meine Stärke und mein Lied ist der Herr, er ist für mich zum Retter geworden. (Ex 13,17ff)

- Lass mich an dich glauben, wie Mirjam es tat. Sie nahm die Pauke und tanzte vor den Frauen her, dabei sang sie ihnen vor: „Singt dem Herrn ein Lied, denn er ist hoch und erhaben! Rosse und Wagen warf er ins Meer." (Ex 15,20f)

- Lass mich an dich glauben, wie Maria es tat. Fragend stellte sie sich als Magd des Herrn dem Heilsplan Gottes zur Verfügung. Sie blieb ihrem Sohn von der Krippe bis unters Kreuz treu.

- Lass mich an dich glauben, wie Johannes der Täufer es tat. Als Stimme in der Wüste wurde er zu einem unüberhörbaren Wegbereiter für Jesus. Er rief den Menschen zu: „Kehrt um, das Reich Gottes ist nahe!"

- Lass mich an dich glauben, wie Maria Magdalena es tat. Sie liebte Jesus bis zuletzt und wich selbst unterm Kreuz nicht von seiner Seite. Am Grab Jesu durfte sie als erste Zeugin die Auferstehung Jesu erfahren.

Taufe mit Wasser

Die Berührung mit Wasser ist das Kernritual der Taufe. Das Übergießen mit Wasser bedeutet, dass wir mit dem göttlichen Leben in Berührung kommen. In der frühen Kirche wurden die Täuflinge bei der Taufe ganz untergetaucht, daher leitet sich auch der Name Taufe ab. Das Untertauchen symbolisiert das Sterben mit Christus, das Ablegen des alten Menschen. Das Auftauchen symbolisiert das neue Leben und die Auferstehung. Dieser alte Ritus wird heute mehr und mehr neu belebt. Der Täufling wird z. B. in einer Kinderbadewanne mit gewärmtem Taufwasser untergetaucht.

„Entfaltende Riten“

Zur Taufe gehören auch „entfaltende Riten“ wie die Salbung mit Chrisamöl, das Anziehen des weißen Kleides, das Anzünden der Taufkerze und der Effata-Ritus.

Effata-Ritus

Der Taufspender berührt die Ohren, den Mund und die Augen des Täuflings. Dieses Ritual erinnert an die Heilung des Taubstummen, bei der Jesus dessen Ohren und die Zunge berührte (Mk 7,31–37).
Auch wir verschließen manchmal die Augen, den Mund und die Ohren vor dem Positiven, aber auch vor dem Negativen, das uns begegnet. Jesus möchte unsere Sinne öffnen, damit wir Gott in allen Geschöpfen erfahren und ihn vor allen bekennen. Der Taufspender berührt Mund, Ohren und Augen des Täuflings, damit dieser die Frohbotschaft vernimmt und bekennt.
Dazu können sich drei Kinder vor die Taufgemeinde stellen und jeweils ihre Augen, den Mund und die Ohren mit beiden Händen bedecken. Während der Taufspender den Täufling berührt, geben die drei Kinder nach der Reihe die Hände weg von den Sinnesorganen als Zeichen der Bereitschaft, sich zu öffnen.

ABSCHLUSS DER TAUFFEIER

„Vater unser“ mit Segens-Schutzkreis

Das Kind auf den Altar legen und um den Altar stehend das „Vater unser“ singen oder beten. Die Taufgemeinde reicht sich dabei die Hände und bildet einen Segens-Schutzkreis für das Kind. Bedeutung: Das Neugetaufte wird auf den Altar gelegt, an dem es kraft der Taufe später an der Eucharistie teilnehmen wird. Ebenso drückt dies aus, dass die Kinder nur eine Leihgabe an die Eltern sind und dankbar dem Herrn zurückgegeben werden, um sie neu zu empfangen.

Überreichung der PatInnenurkunde

Der/die PatIn überreichen den Eltern bei der Taufe eine selbst gestaltete Patenurkunde mit dem vereinbarten Inhalt, was sie für das Kind in der Zukunft zu übernehmen bereit sind, z. B. :

- Ich bin bereit, dem Kind Eislaufen oder Gitarrespielen zu lernen.
- Ich bin bereit, für das Kind ein guter Babysitter zu sein.
- Ich bin bereit, dem Kind bei Problemen ein guter Ansprechpartner zu sein.

Segen

Zuerst werden alle vom Taufspender gesegnet, anschließend wird der Segen weitergegeben: Jeder taucht die Finger in das Taufwasser und zeichnet dem linken und rechten Nachbarn ein Kreuz auf die Stirn. Dazu werden folgende Worte gesprochen: „Ich sage dir, du bist gut.“

Weitere Anregungen finden Sie im Buch:
Wenigwieser, F. (2007). „Taufe kreativ feiern“. 2. Auflage.
Tyrolia-Verlag (ISBN 978-3-7022-2572-2)

Franz Wenigwieser OFM

BR. FRANZ WENIGWIESER OFM, Franziskaner, Priester, Jugendseelsorger; Dipl. Sozialarbeiter; Tanzsozialtherapeut, Familiensozialtherapeut und Gestalttherapeut i. A.; arbeitet in der Gehörlosenseelsorge in Oberösterreich.

Anhang III

Biblische Notizen zur Schöpfungsverantwortung

Schöpfungsverantwortung in der Bibel

Die bedrohlichen Szenarien der Klimaveränderung, des Raubbaus an der Erde, an der belebten und unbelebten Natur sowie an den Menschen vermitteln allzu leicht Ohnmacht und können auch die Haltung „Hinter mir die Sintflut!" fördern. Wer nach guten Gründen für eine Lebenspraxis Ausschau hält, die Gottes Schöpfung gerecht wird, übersieht das erste Kapitel der Bibel (Genesis 1) nicht. Die folgenden Überlegungen sind nur Anstöße zu einer gründlicheren und weiterführenden Auseinandersetzung.

Gen 1,4; 1,10; 1,12

„Gott sah, dass es gut war."
Dieser immer wiederkehrende Kehrvers kann auch als Einladung angesehen werden, den beständigen Versuch zu wagen, die Welt mit den „Augen Gottes" zu sehen.

Gen 1,27

„Gott schuf also den Menschen als sein Abbild; als Abbild Gottes schuf er ihn. Als Mann und Frau schuf er sie."
Darin liegt die unverlierbare Würde jedes Menschen begründet. Zugleich aber wird auch angedeutet, dass Menschen in sich ein „genetisches Programm" aufweisen: Menschen sind eine gute Idee Gottes, von ihm her geschaffen und auf ihn hin ausgerichtet, mit Freiheit und der Fähigkeit zur Liebe ausgestattet. Der Gedanke des Stellvertreters bzw. der Stellvertreterin liegt hier nahe.

Gen 1,28f

„Gott segnete sie, und Gott sprach zu ihnen: Seid fruchtbar und vermehret euch, und herrscht über … Hiermit übergebe ich euch …"

Menschen sind mit dem Segen Gottes ermächtigt, sie können sich auf den Segen Gottes verlassen, wenn sie Verantwortung für seine Schöpfung übernehmen. Verantwortlich zu sein ist ihr Auftrag, zugleich sind sie darin nicht allein gelassen, sondern vom Segen Gottes angestiftet und begleitet. Und es ist eine gemeinsame Verantwortung, die sie tragen, an der nicht Einzelne zerbrechen dürfen.

Gen 2,1

„Am siebten Tag vollendete Gott das Werk, das er geschaffen hatte, und er ruhte am siebten Tag …"
Wer nun den ganzen Schöpfungshymnus des ersten Kapitels der Bibel genau betrachtet, wird erkennen, dass dieser Hymnus um des siebten Tages willen „komponiert" ist (Gen 2,1–3). Es ist jener Tag, der dreimal genannt wird, es ist jener Tag, der aus allen anderen Tagen herausragt, jener Tag, der von Gott für heilig erklärt worden ist (Gen 2,2), er ist der Tag der Schöpfung, „an ihm ruhte Gott" (Gen 2,3).

Nach Johann Baptist Metz ist der kürzeste Name für Religion „Unterbrechung". Der Schabbat als in der Schöpfung eingestifteter Tag der Vollendung ist ein Tag der Unterbrechung. Zu Recht ist der christliche Sonntag in dieser Tradition arbeitsfrei, ein Tag der Danksagung (Eucharistie), des Lobpreises. Der Sonntag erinnert uns daran, woraus und wofür wir leben, und ermächtigt uns, Verantwortung zu tragen.
Ohne die Etablierung einer Kultur des Sonntags, die dem siebten Tag gemäß ist und die Neuschöpfung in Jesu Auferstehung feiert, wird es schwierig sein, eine Lebenspraxis zu fördern, die Gottes Schöpfung gerecht wird.

Kirchliche Dokumente zur Schöpfungsverantwortung

Auszüge aus zwei europäischen Dokumenten sollen die Gedanken in den Zusammenhang der programmatischen Erklärung der Kirchen in Europa stellen. Die Charta Oecumenica ist 2001 vom Rat europäischer Bischofskonferenzen und von der Konferenz europäischer Kirchen unterzeichnet worden. Die Erklärung von Sibiu ist 2007 von den Delegierten der Europäischen 3. Ökumenischen Versammlung angenommen worden.

- „Im Glauben an die Liebe Gottes, des Schöpfers, erkennen wir dankbar das Geschenk der Schöpfung, den Wert und die Schönheit der Natur. Aber wir sehen mit Schrecken, dass die Güter der Erde ohne Rücksicht auf ihren Eigenwert, ohne Beachtung ihrer Begrenztheit und ohne Rücksicht auf das Wohl zukünftiger Generationen ausgebeutet werden.
  Wir wollen uns gemeinsam für nachhaltige Lebensbedingungen für die gesamte Schöpfung einsetzen. In Verantwortung vor Gott müssen wir gemeinsam Kriterien dafür geltend machen und weiter entwickeln, was die Menschen zwar wissenschaftlich und technologisch machen können, aber ethisch nicht machen dürfen. In jedem Fall muss die einmalige Würde jedes Menschen den Vorrang vor dem technisch Machbaren haben.
  Wir empfehlen, einen ökumenischen Tag des Gebetes für die Bewahrung der Schöpfung in den europäischen Kirchen einzuführen." (Charta Oecumenica. Leitlinien für die wachsende Zusammenarbeit unter den Kirchen in Europa, 9)

- „In der Sorge um Gottes Schöpfung beten wir um mehr Rücksichtnahme und Achtung für ihre wunderbare Vielfalt. Wir setzen uns gegen ihre schamlose Ausbeutung ein, denn ‚die ganze Schöpfung wartet auf Erlösung' (Röm 8,23), und wir verpflichten uns dazu, auf Versöhnung zwischen Menschheit und Natur hinzuwirken.
  Empfehlung X: Wir empfehlen, dass der Zeitraum zwischen dem 1. September und 4. Oktober dem Gebet für den Schutz der Schöpfung und der Förderung eines nachhaltigen Lebensstils gewidmet wird, um den Klimawandel aufzuhalten." (Aus der Botschaft der 3. Europäischen Ökumenischen Versammlung 2007 in Sibiu/Hermannstadt)

Martin Jäggle

UNIV.-PROF. DR. MARTIN JÄGGLE, Theologe und Religionspädagoge; seit September 2003 Universitätsprofessor an der Katholisch-Theologischen Fakultät der Universität Wien, der er seit 1.1.2008 als Dekan vorsteht.